LUMINISCENCIA
DE PALABRAS Y SILENCIOS

Solange Sudarskis

4

Deambulars masónicos

INDICE

NÓTESE BIEN. Para salvar al lector que desea acceder a referencias de documentación en la web, se han creado enlaces con escritura simplificada mediante teclado con el software *tinyurl.com* .

1 PALABRA Y PALABRAS

Un joven se acercó a su Maestro y le dijo: "¿Puedo hablar contigo? El Maestro respondió: Vuelve mañana, hablaremos. Al día siguiente, presentándose nuevamente ante él, el joven le dijo: ¿Puedo hablar contigo? Como el día anterior, el Maestro respondió: Vuelve mañana, hablaremos. Ayer vine, respondió el joven decepcionado, y te hice la misma pregunta. ¿Te niegas a hablar conmigo? Desde ayer hemos estado hablando", respondió el Maestro con una sonrisa, "¿Es culpa nuestra si ambos tenemos mal oído?

Hay que diferenciar entre decir y hablar. Medimos el alcance de su significado con las palabras hebreas א מָ ר (digamos, *amar*), usado para expresar la palabra creativa de Di-s en Gén., 1.3 (que sería el logos) y דִבֵּר (palabra hablada, *daber*) en Éxodo, 20.1. El habla es una forma de expresión humana que puede entenderse. Por lo tanto, al utilizar la palabra verbo para designar la palabra hablada mantenemos una ambigüedad. La palabra se ubica dentro de la relación interpersonal mientras que el verbo se ubica fuera de esta relación.

En un artículo de *Libération* titulado *Comunicación sin palabras,* Valère Novarina escribe: " La palabra no intercambia ningún significado, sino que abre un pasaje. De uno a otro es nuestro paso dentro de las palabras, nuestra apertura dentro de las palabras; nuestro viaje es nuestra manera de pasar tiempo con ellos. Cada palabra que intercambiamos transmite consigo el secreto del habla . Por tanto, habría un pasaje secreto entre nosotros en el intercambio hablado. La palabra no se comunica como una mercancía, como una mercancía, como el dinero; se transforma, pasa y se entrega. Viviendo del uno al otro, la palabra pasa entre nosotros y se transforma al pasar a través de nosotros. Es el don de la palabra lo que se transmite: el don de la palabra que hemos recibido y que hay que dar... Hablar es la aventura de decirnos lo que se puede decir. Con mucha precisión cada palabra designa lo desconocido. El silencio más profundo es una palabra, así como la verdadera inmovilidad es un movimiento. El verdadero misterio no es oscuro ni velado sino una luz extrema arrojada sobre sí mismo, toda nuestra vista es hablada. Es otro mundo que veríamos si tuviéramos otras palabras. Todo lo visible es una perpetua renovación de palabras .

El iniciado sabe que incluso el pensamiento es un fluido que se difunde, se forma y se transforma. " Por eso, especialmente aquí, debéis purificar vuestras intenciones y vuestro corazón. Dejen que el bien guíe su voluntad ", instó Grillot de Givry.

Se contempla el símbolo, se dice el significado.

El primero es de orden visible, el segundo de orden audible. El hombre, al pensar, construye el puente entre lo visible y lo audible, su lenguaje traduce y opera los pasajes.

Buscar el habla es intentar descubrir la llave que nos abre las puertas al mundo exterior, por un lado, y tratar de comunicar a los demás lo que hay en lo más profundo de nuestro mundo interior, por otro [1]. El habla es una estructura viva, que se convierte en parte integral de la duración de la experiencia de cada uno. Asimismo, durante su desarrollo como texto, forma parte integral de la duración del autor. Si uno de los hermanos leyera las páginas de bienvenida del orador, podría ser que el resultado fuera diferente, e incluso que la interpretación dada no se correspondiera con la del autor. Las palabras de un hablante se crean a partir de su aliento y esta creación, para él, es al mismo tiempo su realización y su límite, ya que no puede sustituirnos en su interpretación ni imponernos la suya propia. Al crear de esta manera, hay una experiencia física directa de la unidad del cuerpo y el espíritu, de su continua interacción simbólica.

> "Con el fruto de su boca el hombre sacia su cuerpo, con el producto de sus labios se sacia"[2]

Veríamos otro mundo si tuviéramos otras palabras. Todo lo visible se da en una perpetua renovación de las palabras.

Esta relación entre palabra y creación es precisamente la relación de maestro a discípulo, de oído a boca porque

---

[1] Jean Mourgues, *Cartas fraternales de trabajo masónico en Logia de la Perfección* , p.38 <glnc.org/document/mourgues 4_14.pdf>.
[2] Proverbios; 18.20.

parece que todo comienza con la enseñanza y la transmisión.

Los masones son constructores de significado.

En cada momento de un tablón, el tablón está enteramente contenido en este momento y el alcance final es, por así decirlo, sólo la extensión, el reposo o la extensión de una energía que sólo progresa a través del acto de decir hasta el momento en que "Dije" lo calma. Al leer los discursos del orador, a veces tenemos una impresión física de euforia, de expansión correspondiente a la génesis, al surgimiento del significado que intentamos experimentar nosotros mismos y hacer sentir a través de las palabras. Es querer tender al acuerdo, al egregore con los destinatarios, las FF\ y las SS\ presentes; Un acuerdo difícil, especialmente porque los seres se encuentran en varios niveles de experiencia. Ya es en varios niveles de experiencia que buscamos el acuerdo con nosotros mismos, y a estos niveles agregamos a otros, contigo, con el mundo. Cada uno de nosotros es un ser vivo en su propia duración, una forma en proceso de desarrollo, de realización; y es en una continua metamorfosis en nosotros, a nuestro alrededor, lo que nos presiona y nos obliga a buscar constantemente la justa proporción.

Los tiempos de palabra que se otorgan son participación en la construcción de un cuerpo de pensamiento como una catedral del espíritu. " Nombrar es, en cierto sentido, eternizar, es sacar lo expresado del caos donde todo se confunde y del tiempo donde todo se sucede".
La palabra, la del hablante, tiene una fuerza física incontestable. Es esencialmente la forma física del alma

de la logia, inseparable de ella. Quienes son sensibles, y cómo no estar en esta caja de resonancia cósmica que es el templo cubierto, no sólo a la palabra sino a su carácter encarnado, reconocen esta encarnación en el ritmo energético de las palabras. La palabra constituida por la vocal y la consonante, por la carne y el hueso, por la dureza y la ternura, y por las sutiles proporciones que producen entre los sonidos, la palabra se apodera del mundo para tomar significado y llevarse con él. Ciertas formas de decir son a la vez las más objetivas posibles y las más profundamente simbólicas. El ponente propone un sistema enérgico y progresivo, iniciando el movimiento como una apertura de recorrido. Es querer adelantarse a los demás masones para iniciar una escalada en una espiral cada vez más amplia, cada vez más fraterna, en un elemento de verdad cada vez más transparente, para apuntar al delta, donde todas las esperanzas son posibles, donde reina la conciencia de la luz. . El discurso fraternal no domina, no manipula, no desprecia ; el otro no está encerrado en un concepto determinante a priori.

Un elemento esencial del habla, como materia, es el silencio que se produce en ella y a su alrededor. En el habla también hay silencio, el ritmo no existiría sin el silencio.

La triangulación del discurso en el camerino va mucho más allá del marco de la dramaturgia. Proceso de mediación, su objetivo es eliminar toda comunicación interpersonal, la forma más común en nuestras sociedades, y forjar un vínculo colectivo yendo más allá de los intercambios entre individuos. Lo que damos en la logia es energía espiritual, que es diferente de la energía intelectual.

Etimológicamente, el término "comunicación" (de *co-municare*) significa poner en común e implica las nociones de compartir que el ritual masónico implementa en toda comunicación mantenida. En un texto fundacional de 1735, que sirve de Constitución a la masonería francesa, se estipula, en el ^{deber 6}, " que ningún hermano tendrá conversaciones secretas y privadas con otro sin permiso expreso del maestro de la logia, ni dirá nada indecente". ni insultar bajo ningún pretexto, ni interrumpir a los amos ni a los capataces, ni a ningún hermano que hable con el amo, ni comportarse con inmodestia o burla ".

Esta triangulación del habla también es significativa a otro nivel, ya que todo intercambio debe pasar por Oriente, para ser imbuido de la luz que de allí emana y dirigirse allí hacia el egregore de la logia. El Venerable, que está a cargo, lo devuelve por la abertura de la brújula siempre orientada hacia la logia.

Esta palabra iniciática tiene otro papel. La palabra que circula transmite, debe transmitir, tradición. Es este trabajo de transmisión, o más bien de recepción, de elaboración interna y luego de donación en el momento adecuado, lo que hace viva la tradición. " El maestro que camina a la sombra del templo, entre sus discípulos, no da su sabiduría sino su fe y su amor. Si es verdaderamente sabio, no os invita a la casa de su sabiduría, sino que os conduce al umbral de vuestra propia mente... porque ningún hombre puede revelaros nada excepto aquello que ya yace dormido en el alba de la luz. su conocimiento ." (Khalil Gibrán).

La palabra pone en movimiento energías cósmicas; es el canal por el cual la luz actúa en los mundos, es transportada por el aliento del hombre y el aliento es espíritu en su cuerpo. Deja que cese la respiración y el hombre muere. La generación del Dos por el Uno es idéntica al habla que crea simultáneamente sonido y respiración.

El *Sefer Yetsirah* , el *Libro de la creación* , o formación, postula el principio de la creación del ser por la combinación de las letras del nombre divino. Al mezclar y transformar las veintidós letras del alfabeto hebreo, de diversas maneras, Dios creó el alma de todo lo que ha de ser creado o será creado. Este tratado de cosmogonía tendrá una importancia considerable en el pensamiento de los autores medievales y modernos de la Cabalá interesados en la cuestión de la creación del Golem. Su enfoque consiste en interpretar, con vistas a la acción práctica, las modalidades de creación del ser figurado en esta representación del surgimiento del mundo a partir de la combinación de las letras del nombre divino. Para Papus estas veintidós letras están esculpidas en la voz, grabadas en el aire, colocadas en la pronunciación en cinco lugares: la garganta, el paladar, la lengua, los dientes y los labios.

Durante el ritual, el discurso de los oficiales es el de una función, por lo que no necesitan ponerse de pie porque no son los autores de lo que dicen. La palabra ritual que proclaman les obliga a renunciar a sí mismos, a más humildad que los demás hermanos o hermanas presentes.

La palabra del Venerable, muy particular, tiene un poder creador, es edictiva. Es él quien "crea, constituye y recibe" al aspirante, haciéndolo pasar de un estado a otro: de lego a aprendiz, de aprendiz a oficial, de oficial a maestro, de un grado a otro... A través del discurso simbólico se transmite la iniciación.

Es el don de la palabra sagrada, a través del soplo del Respetable, que reaviva al maestro en el compañero, quien a su vez lo establece como maestro a través de su palabra edictora. No es una palabra que explica, ni describe. Esta palabra toca el misterio de la vida y se convierte en gesto del espíritu. Reavivar la Palabra es reconstituir el cuerpo de un maestro; es abrir el significado de una búsqueda sin fin. En el proceso de resurrección, el "alimento" del ser de luz está asegurado por la palabra que da potencia y realidad a las formas que pronuncia.

En el controvertido *Manuscrito Leland* [3] se dice que los masones "esconden la facultad de Abrac", es decir, esconden el poder de llegar a ser buenos y perfectos sin la ayuda del miedo y la esperanza, y **sin la ayuda del lenguaje universal**.

El don del vocabulario y el poder de nuestras palabras son singularmente la fuerza más poderosa que se nos ha dado y está a nuestra disposición. Podemos optar por usar esta poderosa fuerza de manera constructiva con palabras de aliento, o de manera destructiva, usando palabras de dolor, odio y desesperación. Todos sabemos que tenemos la capacidad de hacer todas estas cosas: enseñar, ayudar, curar, obstaculizar, lastimar, perjudicar,

---

[3] Comentado por Mackey : <tinyurl.com/la-faculte-d-abrac>.

humillar. Nuestras palabras se manifiestan en la materia. Como sabemos que cada palabra tiene consecuencias, y cada silencio también, sabemos que las palabras pueden afectarnos a nosotros y a quienes nos rodean, tienen un poder profundo con fuerza y energía.

" Piensa en lo que dices, trata de decir sólo cosas que quieras decir y que tengan sentido. Desconfía ferozmente de todos los mecanismos del lenguaje en los que es el lenguaje el que piensa por ti y, por tanto, otros distintos de ti que piensan por ti. Si haces este trabajo en ti mismo, no cambiará la sociedad de la noche a la mañana pero es una condición para la democracia y para una sociedad humana [4]"

La palabra nos fue dada no para hablar sino para oír. La palabra sólo nos fue dada para escuchar lo otro.

---

[4] Podcast, Jean-Jacques Rosat, de 3'52 , *La neolengua de George Orwell, un instrumento de dominación* : <tinyurl.com/la-novlangue>.

2 EL SILENCIO INICIÁTICO

Quien dice secreto dice silencio y prohibición de una revelación a aquellos a quienes no se les ha dado compartirla.

Las cosas santas de los antiguos misterios que sólo eran conocidas por los iniciados y que no habían sido reveladas a los profanos, se llamaban *aporretas* .

En tiempos de Abraham, Hermes o Idris II vivían en Egipto; lo apodaron Trimegista, porque fue profeta, rey y filósofo. Enseñó el arte de los metales, la alquimia, la astrología, la magia, la ciencia de los espíritus... Pitágoras, Bentecles (Empédocles), el sacerdote Arquelao, Sócrates, Platón y Aristóteles extrajeron sus conocimientos de los escritos de Hermes. Eusebio declara expresamente que Hermes fue el maestro de los Jeroglíficos ; que los reveló a los sacerdotes y que Manetón, Sumo Sacerdote de los ídolos, se los explicó en griego a Ptolomeo Filadelfo. Estos jeroglíficos se consideraban sagrados y a menudo se los llamaba "Las Palabras de Dios". Se mantenían escondidos en los lugares más secretos de los templos. El gran secretismo que guardaban los sacerdotes respecto de sus conocimientos operativos, las altas ciencias que profesaban, los hizo considerados y respetados en todo Egipto. La destrucción de varias ciudades, la ruina de casi todo Egipto por Cambises, rey de Persia, los dispersó en los países vecinos y en Grecia. Llevaron allí sus ciencias, pero sin duda continuaron enseñándolas en la forma que ellos utilizaban, es decir, misteriosamente. No queriendo dárselos a todos, los envolvieron en la oscuridad de fábulas y jeroglíficos, de modo que la gente común, al ver, no veía nada, y al oír, no entendía nada. La expansión del cristianismo hizo que a finales del siglo IV desaparecieran los últimos sacerdotes que dominaban el secreto de los jeroglíficos .

Los griegos tenían un dios del silencio, Harpócrates. Ovidio dice de él: " *Quique premit vocem digitoque silentia suadet* ; el que controla la voz y con el dedo persuade al silencio." "Es cierto que en todos los monumentos donde está representado, su actitud es la de llevarse el dedo a la boca, para indicar", dice Plutarco, "que los hombres que conocían a los dioses, en cuyos templos estaba colocado Harpócrates, no debían hablar de ello precipitadamente..." "La estatua de Harpócrates era entre los antiguos sabios el emblema del secreto, que se fortalece con el silencio, se debilita y se desvanece con las parábolas".[5]

Era, sin embargo, una deidad en la mitología egipcia. Su verdadero nombre es, según Bunsen y Lepsius, Har-pi-krati, es decir Horus el niño; se cree que era hijo de

---

[5]Don Pernety, *Fábulas egipcias y griegas* T. 1, 1786, p. 324 y 129: <tinyurl.com/statue-d-Harpocrate> y <tinyurl.com/Statue-d-Harpocrate2>.

Osiris e Isis. Está representado por una figura desnuda, a veces sentado sobre una flor de loto, ya sea con la cabeza descubierta y con la trenza de la infancia a un lado, o cubierto por una corona Hemhem, pero siempre con el dedo presionado contra los labios. "Harpócrates no es un dios imperfecto en estado de infancia, ni ninguno de los vegetales que comienzan a florecer. Más bien, debemos considerarlo como quien dirige y corrige las opiniones débiles, imperfectas e inexactas que los hombres tienen sobre los dioses. También se lleva el dedo a la boca: actitud que es símbolo de silencio y discreción. En el último mes del año egipcio, en julio, se ofrecían verduras a este dios, diciéndose: "lengua, fortuna; lenguaje, genio". De todas las plantas que crecen en Egipto, la persea es la que se ofrece preferentemente a este dios, porque su fruto tiene forma de corazón, y su hoja la de lengua [6].

Los romanos tenían una diosa del silencio llamada Angerona , representada como Harpócrates , con un dedo en la boca en señal de secretismo.
Hay una leyenda talmúdica sobre el dedo del ángel: cuando el Ángel de la Noche se inclina sobre el bebé que nace y recibe la Neshama en su interior, coloca su dedo sobre los labios del pequeño para imponerle el [7]secreto de toda su Neshama. el conocimiento de los vínculos entre arriba y abajo, y el surco que todos tenemos en

---

[6]Plutarco, Isis y Osiris, § 68: <tinyurl.com/Isis-et-Osiris >.
[7]La teoría esotérica judía de Gilgul, el ciclo, imagina que después de la muerte, Neshama, uno de los tres aspectos del alma, regresa a la morada del paraíso superior y recupera su resplandor, es decir, la unidad de la parte superior y la inferior. , para algún día regresar en otro cuerpo.

medio del labio superior es sólo la huella de este dedo del ángel, el sello del secreto:

El rey Salomón, en Proverbios 1,6, reconoce estos secretos como un objeto digno del estudio de un sabio: "Comprenderemos mejor las parábolas y las frases, las palabras de los sabios y sus picantes aforismos".

"Es a través de un método hermenéutico de inspiración endógena, es decir inspirándose en el contexto de narración y representación del mundo de los creadores de estas historias, que se hace posible acceder al significado profundo y oculto de estos textos. De hecho, el código estaría integrado en el texto y en el contexto de la narración, y se trata, a pesar de las dificultades evidentes que esto representa, de discernirlo.

La noción de secreto, desde los primeros Anciens Devoirs (*el Régius, el Cooke*) aparece como una orden para proteger el *artifex,* el saber hacer de los oficios transmitidos en las obras.

Para Laurence Dermott, una de las principales cualidades que hace sabio a un hombre es su fuerza o su capacidad para guardar y ocultar inteligentemente los secretos honestos que se le confían, así como sus propios asuntos [8].

Así, en el plano de la logia del aprendiz-compañero del *Nuevo Catecismo de los Masones* de Louis Travenol vemos una de las puertas del Templo de Salomón, en cuya parte

---

[8] Ahiram Rezon, 1756, de pág. 16: <tinyurl.com/Manuscrit-Ahiman-rezon>.

superior está Harpócrates por un lado y por el otro La verdad, teniendo un Espejo en la mano [9].

El secreto, que estaba justificado para la masonería operativa por la necesidad de proteger los secretos artísticos o de fabricación propios de cada corporación profesional, parece perder toda legitimidad en el caso de la masonería especulativa que ya no trabaja sobre materiales sino sobre ideas. En 1723, en Londres, se publicó un texto en el periódico *The Flying Post* , llamado desde entonces *Examen de un masón* , que nos informa sobre las palabras, signos, toques de los masones y la ceremonia de recepción de un laico. Luego, en 1730, Samuel Prichard, masón, miembro activo o dimitido de la logia La Tête d'Henry VIII de Londres, publicó, bajo el título *Masonería disecada* , un ritual practicado en el seno de la Gran Logia de Londres que incluía para cada grado la descripción. de la ceremonia de iniciación. En todo caso, lo que allí se presenta y expone sólo puede entenderse a través de la experiencia de vivir en las condiciones de los ritos iniciáticos, no para hacer o adquirir, sino para llegar a ser.

El viaje iniciático no pretende verificar lo ya revelado, sino ejercitar la inteligencia de lo oculto. Este pasaje se dividirá en múltiples secretos llamados convencionales que, naturalmente, van desde la contraseña hasta el gesto que indica el estado interno de progreso, pasando por los signos de reconocimiento, etc. Todos estos derivados del

---

[9]Louis Travenol, *Nuevo Catecismo de los Masones que contiene todos los Misterios de la Masonería* ,...
p.40,41: < tinyurl.com/Harpocrate-et-table-de-Loge>.

secreto iniciático son altamente simbólicos, pero no son el secreto en sí, son sólo un reflejo del mismo.

Continúa con Léopold Vanderhaegen : *Los secretos de Hiram. Las fuentes bíblicas de la masonería* :[10]

Quien dice silencio dice espacio de escucha

"El silencio del Zen no es, evidentemente, aprender a estar en silencio, a encerrarse en el silencio, sino, por el contrario, aprender a escuchar y a ver. Buscamos el silencio para escuchar a los demás y dejar de escucharnos a nosotros mismos [11].

El silencio del Aprendiz en los ritos continentales es su quinto viaje iniciático (después de la sala de reflexión + los tres viajes de la ceremonia iniciática); se realiza en la escucha, pero también consiste en lo que aún no le ha sido concedido y que le será concedido, progresivamente, para tener todos los derechos del Maestro (derecho a hablar, a votar, a ocupar un cargo…). Callar, callar, escuchar es fundamental para oír el mundo sutil y, a través de estos espacios que el silencio libera, irrumpe en nosotros todo un universo de fuerzas insospechadas. El camino del aprendizaje conduce del pensamiento silencioso al discurso redescubierto para dar sentido al silencio; el sustantivo "palabra", en sí mismo, en su forma latinizada *motus* , que significa silencio, como

---

[10]Vídeo, Léopold Vanderhaegen: *Los secretos de Hiram. Las fuentes bíblicas de la masonería* : <tinyurl.com/les-secrets-d-Hiram>.

[11]M. Bazy, conferencia del 28 de septiembre de 2013 sobre la práctica zen del silencio: <tinyurl.com/zen-pratique-de-silence>.

señala Lacan [12]. El silencio juega el mismo papel que la oscuridad de donde nace la Luz. El silencio, a través de la meditación y concentración que proporciona, nos permite escuchar a los demás y a lo invisible.

Quien dice silencio dice secreto, porque es imposible decirlo.

Los conocimientos que el masón viene a buscar en la logia no pueden ponerse al mismo nivel que todos los conocimientos a los que puede acceder en las instituciones del mundo profano. En sus *Memorias* , Casanova escribe: "El secreto de la masonería es inviolable por su propia naturaleza ya que el albañil, que lo conoce, no lo ha aprendido de nadie; lo descubrió yendo a la logia, observando, razonando y deduciendo". **Hay silencio del maestro.**

Los misterios, que los masones también llaman secretos de la masonería, sólo se manifiestan dentro de cada persona; constituyen la invitación permanente al masón a conocerse a sí mismo. Es un secreto cuya naturaleza profunda hunde sus raíces en la experiencia individual que subraya el paso del yo al yo, además en el marco colectivo de una logia masónica que minimiza el "yo" en favor de una alteridad caritativa y en el ejercicio de una ancestral ritual que resitua al hombre en el arquetipo del movimiento cosmogónico. Según Mircea Eliade, el secreto no es sólo una etapa en la historia de la

---

[12] " *Efecto motus* que se abre como un tiempo de lectura lógica, definiendo un entorno de la letra en términos de silencio", J. Lacan, El Seminario, libro VII: *La Ética del psicoanálisis* .

conciencia humana, sino que es un elemento constitutivo de la estructura de esta conciencia.

El secreto es nuestra relación personal, en lo más profundo de nosotros, con todo lo que nos rodea.

Si el secreto es lo que el otro sabe y nosotros no sabemos, el misterio es lo que no todos saben, está en el silencio, y nosotros somos portadores de la sabiduría inmemorial de este silencio.

Consultar con interés, en el sitio escocés *DE Saint John*, el texto *El secreto iniciático de la revelación a la revelación, noción de confianza* [13].

---

[13] *ERUDITO ESCOCÉS de San Juan,* el texto: *El secreto iniciático de la revelación a la revelación, noción de confianza:* <tinyurl.com/le-secret-initiatique >.

3 EL SECRETO DE LOS SECRETOS

La bula de excomunión contra los masones emitida el 28 de abril de 1738 por Clemente XII, *In eminenti apostolatus specula,* llegó pocos años después de la creación de la Gran Logia de Londres, en 1717, por Jean Théophile Désaguliers y James Anderson. La acusación señala luego dos características principales de la masonería: el multiconfesionalismo de las logias y el hecho de que sus seguidores pronuncien una **juramento de fidelidad al secreto** y a la ayuda mutua que, según el texto, sólo puede ser sospechoso.

Los masones hacen muchos juramentos y promesas que los vinculan moralmente.

1. Hay un juramento.
2. Se realiza antes de que se comuniquen los secretos.
3. Viene con penalización.

El juramento es un rito oral , a menudo complementado por un rito manual. Su función consiste, no en la afirmación que produce, sino en la relación entre la palabra hablada y el poder invocado, entre la persona del que jura y el dominio de lo sagrado [14].

Entre todos los juramentos tomados durante una vida masónica, siempre consentidos, están los que consisten en promesas solemnes hechas por el destinatario, entonces neófito, de comprometerse a guardar los secretos de la Masonería, ayudar a sus hermanos y hermanas y ser integrado. en la Orden. **Me comprometo, lo prometo…, lo juro…,** son los verbos con los que los masones se vinculan con palabras. Es la aceptación de una regla lo que paradójicamente abre un camino hacia la liberación.

Las antiguas constituciones pertenecientes a la antigua y honorable sociedad de masones libres y aceptados de 1722 conocidas como Roberts [15] son muy explícitas: sin juramento antes de las revelaciones, punto de admisión (que ninguna persona en lo sucesivo será aceptada como masón, ni conoce los secretos de dicho masón). Sociedad, hasta que haya prestado previamente el siguiente juramento de secreto…). Lo que hay que entender es que **estos secretos** (en plural) **son los del oficio.** " Mantendrás en secreto las partes oscuras y complicadas de la ciencia, y no las revelarás a nadie excepto a quienes la estudian y practican ".

---

[14] E. Benvéniste, *La expresión del juramento en la antigua Grecia, Revue de l'histoire des religions* , 1947, pp. 81-94: <tinyurl.com/le-secret-dans-la-Grece>.
[15] *La Antigua Constitución de los Masones* , 1722, p. 14: <tinyurl.com/constitutions-de-Robert>.

Amenazas hechas en casos de perjurio.

Durante las ceremonias de iniciación, estas amenazas permiten al destinatario comprender el riesgo que corre en caso de incumplimiento de sus compromisos. Al realizar los llamados signos penales, el masón recuerda sus juramentos representando las partes del cuerpo que serían objeto de tortura prometidas en caso de perjurio (degollado, corazón arrancado, cuerpo cortado en dos).

En las Instrucciones de los Splitters para el uso del Grand Chantier de France sentado en París de 1786 del Rito del Bosque encontramos curiosamente dos tipos de obligaciones con fuertes connotaciones, una para los hombres (si incumplo mi obligación, acepto tener la cabeza separada del tronco, por todas las hachas del Sitio, y para ser expuesta en lo más profundo de un bosque, para ser devorada por fieras feroces) y otra para las mujeres (si rompo mi promesa, consiento en ser empapada , golpeado, retorcido como un fardo de ropa sucia; luego arrojado al fondo de la tina del buen y benevolente primo Cateau; luego expuesto, durante cuarenta días, en lo más profundo de los bosques, a vivir sólo de bellotas, como una cerda. , y ser devorado por las fieras).

Tomar todo esto literalmente es mantener y justificar el antimasonismo más básico.

Entonces, ¿toda la literatura masónica o las publicaciones en la red son perjurio?

¿Qué podemos decir si no son los masones quienes divulgan los rituales, como lo hizo el teniente de policía

de París René Hérault, en *Le Secret d'un frey-maçon en 1738?*
Antes de la guerra, varios periódicos provinciales incluso
publicaban el programa de actividades de las logias. en
sus columnas.

Las llamadas Constituciones de Anderson de 1723
nunca utiliza el término perjurio. Sólo recomiendan
precaución . _

Escuchemos también a **Casanova** que responde:[16]
"Quienes se detienen en la superficie de las cosas piensan
que el secreto consiste en palabras, signos y toques, o
que al final la gran palabra está en el último grado. Error.
Quien adivina el secreto de la Masonería, porque nunca
lo conocemos sino adivinándolo, sólo alcanza este
conocimiento frecuentando las logias, pensando,
razonando, comparando y deduciendo. No se lo confía a
su mejor amigo albañil, porque sabe que si no lo ha
adivinado como él, no tendrá el talento para
aprovecharlo en cuanto se lo haya contado. Él guarda
silencio y este secreto es siempre un secreto.
Las palabras y los signos tan piadosamente conservados y
tan solemnemente transmitidos son, en última instancia,
sólo las manifestaciones externas y pedagógicas del
secreto incomunicable y siempre es perjudicial para la
evolución espiritual del buscador creer que basta con
almacenarlo en el tiempo. las numerosas palabras y
signos que marcan el avance jerárquico dentro de las
sociedades iniciáticas para alcanzar la meta de la
verdadera iniciación [17].

---

[16] *Giacomo Casanova: "Historia de mi vida" – 1789-1798 –
Biblioteca Nacional, NAF 28604.*
[17] Jean-Elias Benahor, *SOBRE el secreto y su buen uso* , en la Revue
Initiation, p. 18: <tinyurl.com/bon-usage-du-secret>.

No revelamos procesos de transformación interior, momentos inolvidables de comunión, sentimientos furtivos de elevación, amistades salvadoras... todo lo que hace que la vida en sociedad pueda decirse que es iniciático. Cuando prometí guardar silencio sobre el tema, no estaba enajenando fundamentalmente mi libertad, simplemente reconocía que este tema es incomunicable.

El secreto no pretende excluir al profano, sino beneficiar al iniciado. El secreto es valioso, no porque impida que quienes están fuera del templo descubran lo que sucede dentro, sino porque hace que las lecciones que se enseñan dentro sean más efectivas para quienes están dentro. El secreto se utiliza para evitar que los candidatos aprendan lecciones de otra manera que no sea la más efectiva: a través de una experiencia activa profunda que coloca las ideas en las partes más íntimas de nuestras mentes y cuerpos, donde se convierten en fuerzas activas y poderosas que controlan nuestro comportamiento y dan forma a nuestras vidas. de conformidad con los más altos principios de carácter moral y desarrollo personal.

Reconocemos que **el único secreto masónico** que no debe ser traicionado es el que se relaciona con **la membresía de otros hermanos y hermanas en la masonería** para protegerlos de las consecuencias que tal revelación podría tener para ellos en un ambiente hostil a la masonería [18].

---

[18] Para obtener más información, consulte el artículo *La condena del secreto masónico en la época contemporánea, el caso italiano* : <tinyurl.com/condamnation-du-secret>.

Iluminar a los demás es un acto de amor, porque es compartir. Por eso nos damos el derecho de transmitir lo que hemos recibido, porque sabemos lo que debemos a los depósitos de tesoros culturales y espirituales a los que hemos tenido acceso —a los que, además, tiene acceso todo el mundo— y sin los cuales no existiríamos. no ser lo que somos.
¿Quién nos reprocharía denunciarlos, "como ventanas que abren el mundo a otros mundos, a otros esplendores, a otras luces"?

4 HABLEMOS UN POCO MÁS DEL SILENCIO

> *Taciturnitas virtutes plurimas nutrit*
> *El silencio alimenta un gran número de virtudes.*

" *Toda mi vida crecí entre los Sabios y no encontré nada mejor (bálsamo) para el cuerpo que el silencio. No son los comentarios lo esencial sino las acciones* " [19].

Sólo el silencio es capaz de exaltar la alegría en el corazón y en la mente. **El silencio es amor.** (aleph es la primera letra de la palabra אוהב (ohev), amor, letra que dio paso a la beth del principio), retiro voluntario de sí para dar paso a la alteridad de las vocales y otras letras que le dan cuerpo. El hebreo es un idioma que comienza con silencio, su primera letra alfabética, la aleph א , es una letra intencionalmente silenciosa. La espiritualidad no visible y no pronunciable de verdades ocultas pero muy presentes en este mundo se expresa sutilmente a través de esta alef, que parece capaz de realzar la calidad de todos nuestros actos más materiales. "Delante de él

---

[19] *Pirké Avot, Máximas de los Padres* 1.17.

un viento intenso y violento, partía las montañas y quebraba las rocas, pero en este viento no estaba el Señor. Después del viento, un fuerte temblor; el Señor aún no estaba allí . Tras el susto, un incendio; el Señor no estaba en el fuego. Luego, después del fuego, una tenue voz de silencio" (IRois, 19, 11 y 12). La particularidad esencial de la letra Alef (א) es que es la única de las 22 letras del alfabeto sagrado hebreo que escribe pero no pronunciado, un silencio en torno al cual se organiza la Palabra creadora. Por eso el silencio es la Palabra de los sabios, es en él donde todo se desarrolla y el hombre redescubre lo esencial; sabiduría interior.

El silencio es el camino que conduce a la revelación de uno mismo y del otro, es la escucha; El silencio es el abismo que nos separa de él: "Eran gente silenciosa y siempre dispuesta a escuchar a los demás, hasta el punto de que saber escuchar era para ellos motivo de elogio", relata Jámblico sobre los iniciados de la escuela de Pitágoras. El silencio, si está vacío, es mutismo. El mutismo es lo opuesto al amor, es indiferencia [20]. Comme l'écrit Jean-Marc Bazy à propos du Zen pratique du silence [21]: «Le silence du zen n'est évidemment pas pour apprendre à se taire, se murer sur soi-même dans un mutisme, mais au contraire pour apprendre à écouter et haber. Buscamos el silencio para escuchar a los demás y dejar de escucharnos a nosotros mismos".

---

[20] F. Dostoievski: "Lo opuesto al amor no es el odio, sino la indiferencia".

[21] *Práctica zen, práctica zen del silencio:* <tinyurl.com/zen-pratique-de-silence>.

Mientras que las verdades científicas son comunicables porque son hipótesis demostrables basadas racionalmente en hechos observables, el ritual, la mitología y la metafísica son sólo guías que conducen al borde de la "iluminación", a ese paso final que cada uno debe dar en su propia experiencia silenciosa. De ahí surge uno de los términos sánscritos para designar al sabio: *muni,* "el silencioso". *Sakyamuni* , uno de los títulos de Gautama Buda, significa "el silencioso o sabio *(muni)* del clan Sakya". Aunque sea el fundador de una enseñanza religiosa ampliamente difundida por el mundo, la esencia última de su doctrina permanece oculta, necesariamente, en las profundidades del silencio .

Los egipcios adoraban a Harpócrates, dios del silencio; por ello siempre se representa con un dedo en la boca.

Hay muchos ejemplos de silencio sobre un secreto en diversas tradiciones y civilizaciones, particularmente los reportados en la parte histórica de las Constituciones de **Ahiman Rezon de Laurence Dermott** (que comienza en la página 18: " el fiel Anaxarca (como relata Plinio en el libro VII, capítulo 23) que le quitaron sus secretos, quienes le cortaron la lengua con los dientes y luego la escupieron en la cara del tirano. Los atenienses tenían una estatua de bronce, frente a la cual estaban inclinados; el personaje no tenía lengua, para significar la importancia del secreto ." El sirviente de Catón fue cruelmente torturado, pero nada podía obligarlo a revelar los secretos de su amo. Quinte Curse nos enseña que entre los persas castigaban muy severamente según una ley inviolable a cualquiera que revelara un secreto; como confirmación dijo que El rey Darío, derrotado por

Alejandro, había escapado para esconderse donde pensaba que estaba a salvo; ninguna tortura, ni promesa de una rica recompensa, pudo influir en los fieles hermanos que conocían su escondite, ni inducirlos a revelarlo a nadie. Añade además que nadie debería confiar ningún asunto de importancia a alguien que realmente no sabe guardar un secreto. Entre todas sus leyes, Horacio hubiera querido que todos mantuvieran en secreto todo lo que se hacía o se decía: por esta razón la costumbre de los atenienses (cuando se reunían para una fiesta) era que el mayor de ellos mostrara cada vez a su hermano la puerta por la que entró diciendo: cuidad que ni una sola palabra traspase este umbral, de lo que se dirá o se hará. Lo primero que Pitágoras enseñó a sus discípulos fue el silencio, por lo que los mantuvo mudos durante cierto tiempo, para que aprendieran mejor a conservar los preciosos secretos que les comunicaba; también les enseñó a hablar sólo si era necesario, expresando así que el secreto era la cualidad más rara. ¡Ojalá los Maestros de nuestras logias actuales hicieran lo mismo! Se le preguntó a Aristóteles qué le parecía más difícil; él respondió: secreto y silencio. Con este fin, San Ambrosio sitúa entre los primeros principios de la virtud el don de la paciencia silenciosa. El sabio rey Salomón dice en el libro de Proverbios que un rey no debe beber vino, porque la embriaguez es enemiga del secreto; y en su opinión, el que no sabe guardar sus propios secretos no es digno de reinar ".

El silencio es el camino hacia un nivel superior de conciencia . Tiene su alcance dentro de la logia para conectar al masón con la parte más sagrada de su ser.

El silencio del aprendiz en los ritos continentales es su 5° viaje [iniciático] (después de la sala de reflexión + los 3 viajes de la ceremonia iniciática); se realiza en la escucha, pero también consiste en lo que aún no se le ha concedido y que le será concedido, progresivamente, para tener todos los derechos del maestro (derecho a hablar, a votar, a ocupar un cargo…).

El silencio es de esencia metafísica y va más allá, aunque lo abrace, del único silencio impuesto a quienes no saben. Mucho más que un silencio educativo, el silencio masónico es una verdadera disposición del ser que, por sí sola, permite el surgimiento y la preeminencia del Yo sobre el Ego.

El silencio juega el mismo papel que la oscuridad de donde nace la Luz . El silencio, a través de la meditación y concentración que proporciona, nos permite escuchar lo invisible. Estamos aquí en los límites de lo inteligible, en una búsqueda de lo último [22].

" La condición soberana del conocimiento es el silencio porque sólo el silencio es grande, todo lo demás es debilidad." Alfredo de Vigny .

El camino del aprendizaje hacia el compañerismo pasa del pensamiento silencioso al discurso redescubierto para dar sentido al silencio; el propio sustantivo "palabra", en su forma latinizada *motus* , significa silencio, como señala Lacan.

Como explica Cynthia Fleury, las 4 funciones del silencio son espiritual, cognitiva, curativa y cívica [23].

---

[22] *El secreto iniciático: de la revelación a la revelación, noción de confianza* : <tinyurl.com/le-secret-initiatique>.

[23] Vídeo, Cynthia Fleury: <tinyurl.com/entreprises-du-silence>.

El ultracrepidarianismo (*sutor, ne supra crepidam* , *el zapatero no debe hablar más allá del zapato*) es la conducta que consiste en dar su opinión sobre temas sobre los que no tiene competencia y para los que hubiera sido mejor el silencio.

El silencio absoluto alcanzado hasta la fecha ronda los -10 decibelios, ¡insoportable más allá de los 45 minutos!

5 EL DESIERTO, BÚSQUEDA DE OTRO LUGAR

La invitación a conocerse a uno mismo desde todas las iniciaciones no es otra cosa que una llamada a tomar conciencia del propio desierto. Es una visión tanto de su miseria como de su grandeza.

El interior del hombre es un desierto, un vacío para Cioran, un abismo para Victor Hugo, Hermann Hesse, Gérard de Nerval, Blaise Pascal, Paul Valéry y tantos otros. El hombre iniciático debe arrancarse del mundo, un obstáculo. a la reflexión que impide la especulación de lo absoluto en él. "Sólo los solitarios tienen acceso al Reino", decía Guillaume de St Thierry en el ^{siglo XII}. Esta enseñanza se puede encontrar en textos y categorías de pensamiento que evocan el tema del desierto y la búsqueda, tema que aparece en la mayoría de las religiones y tradiciones iniciáticas.

Lo que podemos recordar en estas hiero-historias es que el desierto permite un tiempo sacrosanto, donde se logra la experiencia religiosa o mística, donde la diferencia entre lo santo y lo sagrado queda abolida. Es un movimiento por el cual el hombre, al meditar en el desierto, se eleva a la trascendencia (a menudo llamada

Dios o lo divino). En su búsqueda, el desierto es la prueba y el lugar de lucha contra el principio del Mal. En este sentido es un lugar de paso: salir de uno mismo, abandonar el yo superficial para encontrarse con el propio Yo. Es como el centro de un laberinto donde también se vivirá la fructífera experiencia de la soledad y el combate.

Cualquier retirada a la soledad del desierto comienza como una renuncia al mundo, como una soledad necesaria para el despojo del hombre antiguo. El paseo por el desierto ya no puede entenderse según las coordenadas horizontales de la distancia recorrida, sino según las de profundidad. El paso por el desierto consiste ante todo en una desertificación interior, en el sentido de que la muerte mineral de los paisajes geológicos se convierte en la imagen de la muerte que deseamos para renacer en la iniciación. A través de estas figuras de la muerte, el retiro al desierto arenoso o a la inmensidad del mar corresponde, en el proceso iniciático, primero a un descenso regresivo hacia los primeros momentos del mundo, hacia el origen y las profundidades espirituales, luego por una inversión, corresponde a la progresión ascendente, en auténtica peregrinación, en búsqueda. La aurora de vida y de luz será transfigurada por el manantial de agua o por la zarza ardiente. Así, de la nada absoluta, "la gracia brota de la fuente divina, es una semejanza divina, tiene sabor a Dios y hace el alma semejante a Dios", escribe Maître Eckhart.

Pero esta soledad, esta soledad, nunca es el lugar donde el iniciado debe establecerse definitivamente.

El desierto, lugar donde la búsqueda no termina, conduce a un segundo nacimiento, el de todas las tierras prometidas. **En la iniciación, el desierto es sólo un pasaje** . En el desierto, el peregrino de arena avanza en contacto con el infinito. Se sumerge en la alianza de la tierra y el cielo, cuyo corazón es el punto focal de convergencia. La contemplación, *theoria* , sólo puede ser una experiencia, un medio de conocer hechos que no vemos, de encontrar una condición humana diferente.

En Terre des hommes, Saint-Exupéry escribe: "Caminando sobre arena infinitamente virgen, fui el primero en dejar que este polvo de concha fluyera de una mano a otra, como el oro precioso. Sobre esta especie de témpano polar, en el que en toda la eternidad no se había formado ni una sola brizna de hierba, yo era como una semilla llevada por el viento, el primer testimonio de vida. Luego, en esta superficie donde se combinan la vida y la muerte, recogiendo un guijarro negro, una lluvia negra de estrellas en el desierto, en un sorprendente atajo de su meditación, Saint-Exupéry asiste a esta lenta lluvia de fuego. Aquí abandona sus ojos de carne y eleva su experiencia sensorial al nivel de una experiencia iniciática. El paso mineral, el reinado de la piedra en bruto y la arena dorada se convierten en una presentación hierática del absoluto donde se encuentran las palabras de la metamorfosis alquímica. La mineralogía mística es un espacio figurativo en el que encontramos lo que Gaston Bachelard llama acertadamente una psique litognómica en camino hacia un renacimiento espiritual. Esta relación alquímica con el mineral fertiliza toda la metamorfosis del ermitaño en peregrino.

Descenso y ascenso, en la alianza de la tierra y el cielo, y en el silencio del aprendiz, ¿no es éste también el camino que nos ofrece la Columna B, de la cual el material del latón atestigua también la alianza del cielo y la tierra? En el aislamiento del silencio impuesto, la columna B (en el Rito Escocés Antiguo y Rectificado) y la columna norte son como un desierto para el místico.

La meditación es un desierto . Se despierta el deseo de un lugar cuya existencia intuimos, pero del que aún no conocemos ni la distancia ni la configuración. El viajero ya no se identifica con el conquistador confiado de sus viajes, ni con el caminante desorientado que huye, sino con el peregrino, con la búsqueda de ese otro lugar del que le han hablado.

Algunas citas sobre este tema:

Cioran: "Me repetí toda la mañana: 'el hombre es un abismo, el hombre es un abismo'; lamentablemente me resulta imposible encontrar algo mejor".

Valéry : "Vivimos visiblemente, pero el interior es un abismo", observó al enterarse de la muerte de Mallarmé.

Victor Hugo : "Cada hombre tiene su patetismo... Persiste en este atractivo abismo, en este sondeo de lo inexplorado, en este desinterés de la tierra y de la vida, en esta mirada a lo invisible; llega allí, regresa allí, se apoya en él, se inclina sobre él, da un paso, luego dos, y así penetramos en lo impenetrable, y así entramos en las ampliaciones sin fronteras de la meditación infinita.

Charles Baudelaire : "Siento que mi ser se ensancha / Un abismo abierto; ¡Este abismo es mi corazón / Ardiendo como un volcán, profundo como el vacío!"

6 ESPEJOS, ¡DIME QUIÉN SOY!

La palabra " **espejo** " se utilizaba para un género literario nacido en la Edad Media, **designaba obras destinadas a aconsejar al lector sobre cuestiones morales** . Los primeros ejemplos de este tipo se remontan al siglo IX y en la tradición cristiana, el Espejo Sin Mancha (speculum sine macula) es el símbolo de María, madre de Jesús en la que se refleja el Eterno.

El lenguaje de los pájaros (*Mantiq al-Tayr*) de Farid ûd-Dîn Attâr es una epopeya mística que narra la búsqueda de los pájaros en busca de su rey, el Sîmorgh. Partiendo por miles, al final de la epopeya, sólo treinta pájaros llegan al final de su búsqueda y pueden contemplar al pájaro sublime. En ese preciso momento y mediante un sutil juego de palabras, el Sîmorgh se convierte en el espejo de estos *sî-morgh* (treinta pájaros en persa) que descubren en el pájaro que buscaban el secreto profundo de su ser. Como analizó Henry Corbin: "Cuando miran hacia Sîmorgh, de hecho es a Sîmorgh a quien ven. Cuando se contemplan a sí mismos, todavía contemplan a Sî-morgh, treinta pájaros. Y cuando miran a ambos lados simultáneamente, Sîmorgh y Sî-morgh son una y la misma realidad. De hecho, hay dos tiempos Sîmorgh y, sin embargo, Sîmorgh es único, identidad en diferencia, diferencia en identidad. Aquí encontramos el concepto de alma del mundo idéntico a todos los seres, aunque se manifiesta a cada uno de ellos de forma diferente. Vemos a los demás en lugar de a nosotros mismos.

Los sephiroth aparecen como espejos que reflejan la luz divina y la proyectan hacia los hombres, excepto el último, el *Malkhut* que, entre otras cosas, representa la Luna, una especie de espejo no reflectante. El Maestro Eckhart, en el mismo sentido, afirmó que "la mirada con la que yo le conozco, es la mirada con la que Él me conoce". El motivo central del espejo vuelve a estar presente; la contemplación del reflejo de la divinidad en la propia alma, revelando el secreto y dando la llave definitiva para acceder a la ciudad interior del ser.

De manera menos mística, Carl Gustav Jung dijo: "Quien mira en el espejo de agua ve primero su propia imagen. Quien se mira a sí mismo corre el riesgo de encontrarse consigo mismo. El espejo no adula, muestra fielmente lo que allí se refleja, es decir, ese rostro que nunca mostramos al mundo porque lo ocultamos tras el personaje, la máscara del actor.

Los espejos de estaño pulido, que las mujeres hebreas traían (junto con sus joyas) para fundirlos y fabricar los utensilios utilizados en las abluciones de los sacerdotes del Tabernáculo, fueron inicialmente rechazados, bajo el pretexto de ser objetos de frivolidad. Sin embargo, Dios ordenó que fueran tomadas porque eran utilizadas por las mujeres para embellecerse y aliviar el sufrimiento de la esclavitud de sus maridos.[24]

---

[24] *Intercambios con Haïm Korsia en el GNLF* : <tinyurl.com/Haim-Korsia>.

En la Tradición, **la Prudencia está representada por un espejo rodeado por una serpiente** . Esto hace decir a Philibert De l'Orme: "un compás retorcido con una serpiente significa que **el arquitecto debe medir** y comparar todos sus asuntos y todas sus obras y obras **con prudencia** y madura deliberación" y añadir "tengan cuidado al igual que las serpientes y simples como palomas [25].

En alquimia, el espejo de la Prudencia, "que es el de la Verdad, fue siempre considerado por los autores clásicos como el jeroglífico de la materia universal, y particularmente reconocido entre ellos como el signo de la sustancia propia de la Gran Obra. Sujeto de los sabios, Espejo del Arte son sinónimos herméticos que ocultan al vulgo el verdadero nombre del mineral secreto. Es en este espejo, dicen los maestros, donde el hombre ve la naturaleza descubierta. Es gracias a él que puede conocer la verdad antigua en su realismo tradicional. Porque la naturaleza nunca se muestra al investigador, sino sólo a través de este espejo que guarda su imagen reflejada.[26]

La catoptromancia es un arte antiguo basado en un fenómeno de autohipnosis donde la conciencia flotante se entrega a sus visiones internas, a través del espejo [27].

La mirada del otro se convertirá en el espejo donde encontraremos ese doble que hemos perdido.[28]

---

[25] Obras de Phillibert de l'Orme, *Libro III, De la arquitectura* , 1626, p. 50v: <tinyurl.com/philibert-de-l-orme>.

[26] Fulcanelli, *Las mansiones filosóficas* (Volumen 2), lámina *XXXVIII* , 1930: <tinyurl.com/les-demeures-philosophales>.

[27] Julien Bonhomme Múltiples reflexiones. El espejo y sus usos rituales en África Central: <tinyurl.com/miroir-en-Afrique>.

[28] *Gaston Bachelard, una infancia entre las aguas:* <tinyurl.com/Bachelard-reverie > .

El masón se encuentra a sí mismo como un espejo del Todo que construye en su singular interioridad; ¿No estamos hablando de albañilería especulativa?

La prueba del espejo apareció en 1778 en la Masonería de Lyon, donde nació el RER. Entonces, la ceremonia de recepción del aprendiz no implementó el espejo. Fue "en el segundo ^{grado} cuando el candidato con los ojos vendados fue conducido frente a un espejo oculto por una cortina. Después de que el venerable le ha animado a entrar en sí mismo para revisar sus errores y sus prejuicios, le quita la venda de los ojos y contempla su rostro en el espejo iluminado por una farola. Sólo en 1782, en el Convento de Willemsbad, fue adoptado por el RER en 1er ^{grado} y continúa en los demás Ritos que practican esta prueba.

En el ritual de iniciación a la REAA y al Rito Groussier francés, el espejo presentado al aspirante tiene el significado de que su reflejo es su mayor enemigo con quien debe reconciliarse. *El Gnothi seauton* de Sócrates , conócete a ti mismo, es explícito: se trata de conocer tus límites. Es una relación con los demás, una indicación de la medida justa, la que hace que uno se doblegue para pasar por una puerta baja. Este mandato es iniciático e indica un acercamiento progresivo en un estado de conciencia, no de inconsciencia. La phronesis , sabiduría práctica, es *una* incitación a la reserva a través del conocimiento. El espejo no es sólo una llamada a la introspección, es sobre todo una invitación a conectar el ser con sus límites.

La duplicación y la inclusión del iniciado en su propio campo de visión son, de hecho, las condiciones mínimas de la transformación iniciática. El cara a cara concentrado del neófito con su propio reflejo demuestra que la iniciación es un retorno a uno mismo. Mirarse para conocerse significa no quedarse atónito ante el propio reflejo sino abrir el rostro a la alteridad con la humildad que hace espacio al otro aceptándolo con la luz necesaria para verlo.

En el RER, durante el cuarto trayecto de recepción del acompañante, se realiza una prueba del espejo velado de azul o marrón. Cuando se le presenta, el destinatario puede leer en una filacteria: "Si tienes verdadero deseo, coraje e inteligencia, quita este velo y aprenderás a conocerte a ti mismo".

El espejo te hace pensar en ti mismo y en el mundo; ¿Quién mira a quién en el espejo?

En su *Curso práctico de masonería con rango de compañero* , Jean Baptiste Chemin-Dupontès, en 1840, evoca una práctica poco conocida del rito francés: "El Venerable presenta al aspirante otro lado del espejo que desfigura completamente sus rasgos, alargándolas excesivamente en un aspecto, suavizándolas en otro y mostrándolas en un tercero muy oblicuas. Es, le dijo, el emblema del vicio, de la mentira y del error que alteraría la belleza de tu alma y oscurecería tu entendimiento si no estuvieras en guardia... Lucha constantemente contra el otro, que es tu enemigo más peligroso, acechando constantemente a tu alrededor.

También es necesario recordar el significado de apuntar (procedente de la palabra vista). El espejo debe ser el instrumento que permita la orientación y alineación (moral). Por eso el espejo no es, en efecto, sólo un objeto de autocontemplación, sino también el instrumento de la línea de visión que debe revelar el ángulo secreto de lo que aún no aparece, pero que está en proceso, el futuro. maestro. No es complacencia lo que ofrece el espejo, es un "otro" colocado ante nosotros. Estamos, sin saberlo, incompletos, inacabados . Existe la costumbre de verse; tal hábito que es su imagen invertida a la que creemos parecernos. A menudo nos sorprende vernos a nosotros mismos como nos perciben los demás. Se necesita un juego de espejos dobles para anular el efecto óptico y poner el reflejo boca arriba; necesitamos la mirada del otro para completar la verdad de nuestro ser. Es la respuesta a la pregunta "¿eres masón?", que dice explícitamente: "mis hermanos me reconocen como tal".

Tu prójimo es tu reflejo . Si tu rostro está limpio, esa será la imagen que recibirás a cambio. Pero si ves una mancha en tu prójimo, en realidad es tu propia imperfección la que ves [29].

Entonces , **cuando dos deshollinadores salen de una chimenea; uno sale todo negro y el otro todo blanco; ¿Cuál de los dos se va a lavar?**[30]

---

[29] Aforismos del Baal Shem Tov
[30] Vídeo muy divertido que cuestiona la pregunta: <tinyurl.com/parodie-du-talmud>.

7 SOLEDAD Y AUTOCONOCIMIENTO

Un cuento filosófico-iniciático inspirado en el capítulo anterior [31].

> *¿Y si lo que el mundo nos da fuera sólo un reflejo de lo que le damos al mundo?*

Era una orilla deshabitada, sin límites donde, en la soledad, comenzaba lo que le parecía un desierto. Émat había querido precisamente venir allí, renunciando a las distracciones urbanas, en busca de una soledad necesaria para la sencillez mundana. Sólo su sombra lo seguía. Su caminar, con los ojos fijos en sus pensamientos, ya no podía entenderse según las coordenadas horizontales de la distancia recorrida, sino según las de profundidad. Ya no se identifica con el turista asegurado de su viaje, ni con el caminante desorientado que huye, sino con el peregrino en busca de ese otro lugar del que le habían hablado. El interior del hombre es un desierto, un vacío para Cioran, un abismo para Victor Hugo, Hermann Hesse, Gérard de Nerval, Blaise Pascal, Paul Valéry y tantos otros. La invitación a conocerse a uno mismo desde todas las iniciaciones no es otra cosa que una llamada a tomar conciencia del propio desierto. Es una visión tanto de su miseria como de su grandeza.

---

[31] No le sorprenderá encontrar repeticiones allí.

Cuando la luz del gran azul del cielo, en la alternancia cósmica, dio paso a la oscuridad de la noche, "su movimiento se desvaneció ante el mero nombre del Infinito" [32] frente a esta inmensidad sin más adorno que ella misma. .

Acostado con una piedra como almohada, Émat se durmió y soñó.

Se encontraba ante el arquitrabe del frontispicio del templo de Delfos dedicado a Pythia. Apolo le señaló las palabras grabadas en la piedra; "conócete a ti mismo" que se destacó allí. No necesitaba deletrear las palabras, las conocía; Sócrates los reivindicó, mientras que Plinio el Viejo los atribuyó a Chilón de Esparta. Platón, que buscaba su significado, señalando el cielo y la tierra, abrió todos sus libros donde había mencionado esta frase. Como abejas que polinizan el pensamiento, las hojas de su *Cármides* , de *Filebes* , de *Protágoras* , de *Alcibíades* y de sus *Leyes* volaron y le permitieron vislumbrar la importancia de este imperativo: "Conócete a ti mismo y comprende, como un mandato iniciático, que es un clave para entender el mundo y la vida.

Cuando despertó al amanecer, recordando su sueño, se preguntó: ¿ **cómo conocerse a sí mismo?**

Émat volvió la mirada y examinó lo que podía ver a su alrededor. Obviamente sólo podía ver su cuerpo, sus brazos, sus piernas, su torso, nada de su espalda, nada de su rostro.

Como un ciego, tocó la forma de su rostro con las manos. ¿ **Qué** soy yo? El cuestionamiento, el qué, ya estaba inscrito en su patrimonio de la humanidad porque la suma de las letras hebreas del nombre de la idea del

---

[32] Milosz Lubicz, *Epístola a Storge* , p.21 : <tinyurl.com/epitre-a-storge>.

humano bíblico "Adán" [33], 45, corresponde a *ma*, que también vale 45, el "qué", el interrogatorio3. Además, fue con preguntas como los hebreos se alimentaron en el desierto del Éxodo, con maná, en arameo *mahanou* , "¿qué es?".

Émat se sintió como un reflejo del mundo, un microcosmos, una imagen fractal de una creación que inscribe en su ser las proporciones misteriosas y universales que revelan los números y que fueron cantadas por Pitágoras. ¿Es esto lo que es conocer el Universo? El universo está en mí, intentó convencerse. Lo que le había parecido extraño se volvió extrañamente él mismo. Estaba feliz y quería ver si su rostro había cambiado. Necesitaba un espejo, un cuerpo suficientemente pulido, una superficie reflectante, una piedra pulida como la obsidiana, o un trozo de vidrio, o un trozo de metal o incluso cualquier masa de agua con una ola tranquila que reflejara su imagen.

---

[33]Sólo encontramos la escritura Adán (אָ דָ ם) en los versos Gen; 1.26 y 3.21. Su nombre Aadam (הָאָדָם) se explica en el capítulo 2 del Génesis, versículo 7: en el momento en que se convirtió en "un animal con alma" por la adición de Él, el soplo divino. Esto hace que la suma de las letras de la palabra Adán, 45 (אָ דָ ם), correspondiente a la palabra "qué" (מה), a la suma de las letras de Aadam 50, dando "quién" (מי); como si hubiera pasado del estado de objeto, de ideación. "Hagamos al hombre (adam) a nuestra imagen" se vuelve sujeto en su corporalidad, "Dios creó al hombre (Aadam)". Esto nos invita a reflexionar sobre la preexistencia de las almas antes de su descenso a los cuerpos producido por la caída y sobre el tema de la reintegración de los seres muy conocido de la Dieta Escocesa Rectificada.

Buscó **y encontró** un fragmento de botella y lo usó como psique. El objeto, cóncavo por un lado, le hizo pensar en estos espejos de fuego, capaces de concentrar la energía solar hasta el punto de que Lavoisier la utilizaba para fundir oro. Pensó también en estos cálices que, según su forma y sus ángulos de refracción, retienen o reflejan la luz después de haberla recibido. Sonríe mientras gira el espejo de esta bruja. Vio su entorno reflejado en su curva convexa. La forma capturó imágenes más allá de su campo de visión, delante de él, detrás de él, arriba, abajo, pero su propia imagen estaba distorsionada.

Émat recordó una práctica del rito francés: "El Venerable presenta al aspirante otra cara del espejo que desfigura completamente sus rasgos, alargándolos excesivamente en un aspecto, suavizándolos en otro y mostrándolos en un tercero muy oblicuo. Es, le dijo, el emblema del vicio, de la mentira y del error que alteraría la belleza de tu alma y oscurecería tu entendimiento si no estuvieras en guardia..."[34]

Entonces, al revelarse, ¿el espejo también distorsiona?
Ante la evidencia, Émat observó que el espejo sólo muestra una imagen bidimensional, ¿una apariencia disminuida? El ser, su historia, sus potencialidades, su razón o su espiritualidad, en una palabra su fenomenalidad no se encuentra en lo reflejado. Cada ser está lleno de cambios y potencial. Esto es también lo que Plutarco hace decir a Amonio: "El hombre de ayer está muerto en el hombre de hoy, el hombre de hoy muere en

---

[34]Dupontes, *Curso Práctico de Masonería:* <tinyurl.com/Cours-Pratique-de-FM>.

el hombre de mañana ; nadie queda y nadie es uno, sino que nos volvemos muchos, mientras la materia circula y se desliza alrededor de una sola imagen y un molde común5 [35]. ¿Los grados y funciones masónicos no asignan sólo una identidad provisional al masón?

Pero sí, pero claro está pensado Émat, esto quiere decir que ni uno mismo ni el otro es sólo una apariencia y que el cuerpo lleva más que su exterior; es el lugar donde la vida expresa el gran Todo en movimiento y en movimiento. Este trozo de vidrio le devolvió la cuestión de la existencia, del estar en el mundo, a través del desvelamiento de las fuerzas secretas e invisibles que animan y dirigen el orden de las cosas visibles y allí, en su estancia en su reflexión, Émat comprendió que *lo verdadero es lo negativo de las apariencias* [36].

Una bandada de pájaros salvajes arañaba el cielo. Esto le hizo pensar en este libro de cuentos, *La conferencia de los pájaros* , que había encontrado abandonado en el andén de una estación y que había recogido como si esta obra estuviera destinada a transmitir un mensaje.

La conferencia de aves [37] es una epopeya mística sufí que narra la búsqueda de los pájaros peregrinos que, guiados por una abubilla [38], parten en busca de su rey, el Sîmorgh. Partiendo por miles, al final de la epopeya, sólo treinta

---

[35] Plutarco, *Obras Morales* : <tinyurl.com/oeuvres-morales>.

[36] Completar leyendo el texto de JM Vivenza, *Conversaciones Espirituales y Escritos Metafísicos* en el párrafo II, *La determinación a lo negativo se inscribe en el Ser* : <tinyurl.com/spiritual-interviews>.

[37] *Conferencia sobre aves* de Farid ûd-Dîn Attâr : <tinyurl.com/cpnference-des-oiseau>.

[38] La Abubilla o el Simorgh sería el pájaro que permitió a Salomón apoderarse del shamir. *La leyenda de Solimán* , nota 26, p. 15: <tinyurl.com/legende-de-Soliman>.

pájaros llegan al final de su búsqueda y pueden contemplar al pájaro sublime. En ese preciso momento y mediante un sutil juego de palabras, el Sîmorgh se convierte en el espejo de estos *sî-morgh* ("treinta pájaros" en persa) que descubren, en el pájaro que buscaban, el secreto profundo de su ser.

Como se ha analizado, "cuando miran hacia Sîmorgh, es a Sîmorgh a quien ven. Cuando se contemplan a sí mismos, todavía contemplan a Sî-morgh, treinta pájaros, identidad en diferencia, diferencia en identidad. Aquí encontramos el concepto del alma del mundo idéntico a todos los seres, reflejado en cada uno de ellos, al tiempo que se manifiesta de forma diferente. " *Este canto de los pájaros es el reflejo de las almas humanas* " [39].

El Maestro Eckhart, en el mismo sentido, afirmó que "la mirada con la que yo le conozco, es la mirada con la que Él me conoce". El motivo central del espejo vuelve a estar presente; la contemplación del reflejo de la divinidad en la propia alma revelaría el secreto y daría la clave definitiva para acceder a la ciudad interior del ser.

En el fondo, él mismo no se conocía realmente, pensó. Lo que finalmente percibimos en nuestra persona, concluye, en el momento de su reflejo frente al espejo, es un "otro" colocado ante nosotros. Estamos, sin saberlo, incompletos, inacabados. Existe la costumbre de verse; tal costumbre que es mi imagen invertida a la que creo parecerme. ¿Pero quién mira a quién en el espejo ? Si estuviera al otro lado del espejo, ¿me vería también al

---

[39] Podcast de Michael Barry *La contemplación como camino espiritual* : <tinyurl.com/Barry-the-contemplation>.

revés? A menudo nos sorprende vernos a nosotros mismos como nos perciben los demás. Se necesita un juego de espejos dobles para anular el efecto óptico y poner el reflejo boca arriba, se necesita la mirada del otro para completar la verdad de nuestro ser.

La respuesta a la pregunta "eres masón" lo dice de cierta manera: "mis hermanos me reconocen como tal".

¿Qué vería si el reflejo fuera un cuerpo de agua?, se preguntó. Entonces Émat quiso vivirlo, **buscó y encontró** una piscina oscura y luminosa al mismo tiempo. Se sentó y se inclinó.

¡Una metamorfosis! Estaba, al mismo tiempo, al borde del agua y enteramente en la ola tranquila, estaba en dos lugares al mismo tiempo, estaba en un estado superpuesto, aquí y allá en un estado fluídico.

Tan cerca de su reflejo acuoso, ¿cómo no recordar a Ovidio? Liriope, la ninfa azul, tuvo un hijo con el dios del río, Cephise, quien la violó. Narciso era el nombre del niño que nació en Tespias, en Beocia. El divino Tiresias predijo que Narciso viviría hasta una edad muy avanzada si no se veía a sí mismo. Y Narciso creció y Narciso se volvió hermoso.

Entre sus amantes, la ninfa Eco fue rechazada y exigió venganza. Fue Némesis quien, en el agua clara de un manantial, le mostró a Narciso su reflejo del que se enamoró. Al darse cuenta de que el amor a uno mismo es en vano, Narciso se despide... adiós respondió Eco. Y, apoyando su cabeza cansada sobre la hierba verde, Narciso ya no existía.

Qué leyendas rodean este psicodrama! Si el agua en la que se ahoga Narciso es en realidad la imagen de su padre Cefiso, el dios del río, que abusó de su madre, o si su reflejo es el de una hermana gemela muerta que le fue atribuida y que su amor por ella lo llevó a unirse a ella, o ya sea el castigo de un amor a sí mismo, son siempre interpretaciones psicoanalíticas en las que triunfan los traumas.

¡Qué destino tan terrible morir porque vislumbramos lo que somos! Émat exclamó para sus adentros.

¿Es el inconsciente nuestro peor enemigo como los freudianos quieren hacernos creer?[40]

Émat estaba convencido de que el acercamiento a la autoverdad tiene lugar en el ámbito de la conciencia personal. En el Rito Escocés Rectificado, se produce una prueba del espejo velado durante el cuarto viaje de recepción del compañero. Cuando se le presenta, el destinatario puede leer en una filacteria : "Si tienes verdadero deseo, coraje e inteligencia, quita este velo y aprenderás a conocerte a ti mismo". El espejo te hace pensar en ti mismo y en el mundo. Es mejor pensar y no verse pensar.

---

[40]La prueba del espejo apareció en 1778 en la Masonería de Lyon, donde nació el RER. Entonces, la ceremonia de recepción del aprendiz no implementó el espejo. Fue "en el segundo grado cuando el candidato con los ojos vendados fue conducido frente a un espejo oculto por una cortina. Después de que el venerable le ha animado a volver en sí mismo para revisar sus errores y prejuicios, le quita la venda de los ojos y contempla su rostro en el espejo iluminado por una farola. Sólo en 1782, en el Convento de Willemsbad, fue adoptado por el RER en 1er grado y continúa en los demás Ritos que practican esta prueba.

En el ritual de iniciación a la REAA y al Rito Groussier francés, el espejo presentado al aspirante tiene el significado de que su reflejo es su mayor enemigo con quien debe reconciliarse.

Esto es lo que me ofrece el *Gnothi seauton* , el "conócete a ti mismo" del Templo de Delfos. Es conocimiento para vivir y no para morir, para vivir, no sólo con uno mismo, sino con los demás, pensó Émat.

Se trata de conocer tus límites; esto se hace a través de un estado de conciencia, no de inconsciencia. Es una relación con los demás, una indicación de la medida justa, la que hace agacharse para pasar por una puerta baja, por ejemplo.

Phronesis , sabiduría práctica griega, es *una* incitación a la reserva a través del conocimiento, una moderación en el placer. Para Sócrates, la vocación moral del ser está en la templanza y la moderación, en el conocimiento de nuestro alcance. Sócrates es explícito: "Quien ignora sus capacidades no se conoce a sí mismo… Quien se conoce sabe lo que le conviene y, distinguiendo lo que sabe, se procura lo que necesita y es feliz…".

se presentaba a los ojos del peregrino la inscripción *é Mèden agan* [41], *"y nada en exceso".* En cuanto al contenido de su virtud ética, Aristóteles la define como el medio áureo (*mêsotes*) entre dos extremos reprobables llamados elipse e hipérbole. Es un requisito moral que va acompañado de 147 mandamientos que se dice que fueron escritos por siete sabios [42]. "La virtud nos hace

---

[41] *eï* Μηδ ὲ ν ἅ γαν (Y nada demasiado) en el corazón del pensamiento griego : Séneca explora el "demasiado" que impide una vida feliz en sus Consolaciones: <tinyurl.com/les-trop-de-Seneque>.

[42] Los sabios de Platón, en Protágoras p.46 : Tales de Mileto y Bías de Priene, ambos de Jonia; Pittacos, eólico, de Mitilene en la isla de Lesbos; Cleóbulo de Lindos, ciudad doria en Asia; Solón de Atenas y Quilón de Esparta; En cuanto al séptimo, en lugar de Periandro, hijo de Cipselo, Platón, hijo de Aristón, menciona a

apuntar al medio [43]. Así, quien se conoce a sí mismo huye del exceso y del defecto. Al contrario, busca el medio ambiente y es éste lo que toma como objetivo. Y este entorno no es el de la cosa, sino el que está determinado **relativamente a nosotros** . Esto es ciertamente templanza masónica.

Émat sonríe al pensar en este error común y corriente de que " **y conocerás el universo y los dioses** " sería la continuación de la frase. ¡ **Esta conclusión, añadida más tarde, nunca estuvo grabada en el templo de Delfos!** Conocer a los dioses sería también la antítesis de lo que decía Sócrates: lo que está por encima de nosotros no tiene relación con nosotros. Para Sócrates, "Conócete a ti mismo" significaba alcanzar el autoconocimiento y el dominio de uno mismo y liberarse de especulaciones ideológicas y explicaciones teológicas (en una época en la que la veneración a los dioses era tal que uno dependía de ellos para todas las elecciones y acontecimientos importantes de la vida). El "tú mismo" del precepto invita al despertar de uno mismo, a no depender más de los dioses para todas las decisiones a tomar y, en consecuencia, a no hacer que los dioses sean responsables de todos nuestros errores.

El espejo no es sólo una llamada a la introspección, es sobre todo una conexión entre el ser y sus límites. Mirarse para conocerse no es quedarse atónito ante el propio reflejo, quedarse congelado en una dimensión

---

Mison de Quenea (antes había una aldea con ese nombre en el monte Eta).

[43] *Los Mandamientos u Órdenes de Delfos* : < tinyurl.com/Ordres-de-Delphes >.

completa, sino abrir el rostro a la alteridad, con la humildad que deja en ella espacio al otro. la luz necesaria para verlo. Por eso el espejo, de hecho, es también el instrumento de la línea de visión que debe revelar el ángulo secreto de lo que aún no aparece, pero que está en gestación, el ser en devenir con los demás. No es complacencia lo que ofrece el espejo, es un "otro", de los otros, colocado ante nosotros. La mirada de los demás se convertirá en el espejo donde encontraremos ese doble que hemos perdido [44].

¿No es plural la palabra rostro, en hebreo *panim* ? ¿No está todo el reflejo del mundo en una sola gota de lluvia?

Se necesita experiencia para conocernos a nosotros mismos, se necesita vernos reaccionar ante nuestras pruebas ajustando nuestras acciones éticas.

Debemos medir nuestras convicciones con la fuerza de nuestros compromisos experimentando las posibilidades de nuestra vida entre deseos, sueños, expectativas y realidades. ¿No es sabiduría de Salomón considerar vano todo lo que no depende de nosotros mismos?

"Conócete a ti mismo" requiere que tracemos el círculo con un compás abierto en la medida de nuestro potencial. ¿No está representada en la Tradición la Prudencia por un espejo rodeado por una serpiente ?[45]

¿Este círculo no nos convierte en un centro, porque está en su periferia tenemos que recorrerlo en contacto con los demás?

---

[44]Vídeo con Gaston Bachelard, *Una infancia entre las aguas* : <tinyurl.com/Bachelard-les-eaux>.

[45]Obras de Phillibert de l'Orme, *Libro III, De la arquitectura* , 1626, p. 50v <tinyurl.com/philibert-de-l-orme>.

Émat se deslizó lentamente hacia un estado cercano a la catoptromancia, este antiguo arte basado en un fenómeno de autohipnosis donde la conciencia flotante se abandona a sus visiones interiores, a través del espejo. El espejo no me halaga, se dijo Émat, sólo me muestra lo que en él se refleja, es decir, mi rostro, no el ser que nunca mostramos al mundo porque lo ocultamos tras el personaje, la máscara del actor. La máscara es a la vez la pantalla y la exhibición de la propia persona. *Persona* es en latín la máscara del artista que oculta su rostro. La máscara es, pues, el soporte de una dialéctica de lo visible y lo invisible, del desvelamiento y el retiro. Estar en lo más profundo es secreto y, sin embargo, debe aparecer. La máscara habla de la necesidad de una pantalla, una caja de resonancia para la existencia del hombre como alteridad necesaria de sí mismo.

Como la venda de los ojos, como la columna de aprendices, el espejo, este desierto personal, es una invitación a descender a las profundidades de la autoconciencia, midiendo el peso de los propios pensamientos, de las acciones y de las palabras, para luego elevarse, liberarse, regenerarse. , pacífico y confiado, habiendo accedido a un nuevo nivel de inteligencia cognitiva. El Ser no es una Nada, es un ser que participa de la Creación actualizándola en su impermanencia, es una de sus corrientes de conciencia.

En la ola también se reflejaba el cielo en medio del cual ahora parecía estar él. Émat entendió que el *speculum* , otro nombre latino del espejo, genera el verbo "especular", que no importaba el rostro en el que más o menos se reconociera. Su continente de complejidad, y lo que lo rodea, le habían dado motivos de reflexión para conocer su ser. Era obvio: serían sus acciones las que delinearían sus contornos y que el amor que podría dar y recibir ampliaría sus límites.

Émat cogió una piedra que arrojó con ternura al estanque, su imagen desapareció en las moléculas del agua que en adelante serían sus guardianas. Levantándose del borde de la orilla, entró en la luz del aire y, de esta materia para ver, hizo viento, sostenido por la vela de su ser, para iniciar el movimiento de sus pasos y salir de su desierto. Su búsqueda no iba a terminar ahí.

Llegará el momento de la conexión, de la *mediación* después del de *la meditación* . Allí la información externa se vinculará con los sentimientos internos, allí se producirá la coincidencia de los opuestos en el movimiento y el equilibrio, al dejar de mirarse en la inmovilidad, con lo que había **conocido de sí mismo** . En este sentido, el desierto es un lugar de paso: salir de uno mismo, abandonar el yo superficial para encontrarse con el propio Yo. En el desierto, el peregrino de arena avanza en contacto con el infinito. Se sumerge en la alianza de la tierra y el cielo, cuyo corazón es el punto focal de convergencia. La contemplación sólo puede ser una experiencia, un medio para conocer hechos que no podemos ver, para encontrar una condición humana diferente.

En la iniciación, como en hebreo , *el desierto es sólo un paso.* En hebreo la palabra desierto se escribe "midbar", con las letras Daleth Beth y Reich como raíces. Con estas mismas raíces el hebreo escribe, entre otras, las palabras: *dabar* que significa habla, pero también plaga; *debora* , la abeja y *doberot* , las balsas en las que se traía la madera de cedro del Líbano para construir el Templo de Salomón (I Reyes; 5,23).

¿Qué tienen en común? Es el movimiento, el paso de un punto a otro, el hecho de transmitir.

El pensamiento de realización personal, heredado de una tradición inmemorial, es el de la prueba.

Este pensamiento de la prueba es el pensamiento del esfuerzo en la medida en que construye el yo, pero en la medida en que el yo encuentra, a través de él, un propósito superior a él mismo que es su lugar en la realidad natural o social. A Émat le asaltó un pensamiento: "los demás establecen la esencia de uno mismo; Sólo soy lo que tú eres; si no estuvieras, en mi soledad ya no estaría [46]. Mi relación con el otro "no es sólo un intercambio de derechos para dirimir libertades rivales", es su rostro el que me fecunda y el que me asigna responsabilidad [47].

Poniendo sus pasos uno delante del otro, Émat se dirigió hacia el horizonte para hacerlo retroceder. Murmuró en ese momento: "Que yo sea el vigía de todos los horizontes / Permita que mi mirada más audaz y más amplia / abrace de repente la extensión de los mares" [48].

Al oírse a sí mismo, comprendió que su horizonte de aguas había invertido su reflejo de apariencia y que su pregunta "¿ **qué** soy yo?" se había convertido en la alegría de la pregunta existencial "¿ **quién** soy yo?"[49]

---

[46] André Neher, *Amos, Contribución al estudio de la profecía* , p.263, J. Vrin, 1950.

[47] Corine Pelluchon, *Introducción a Levinas:* < youtu.be/56ij-agDILO >.

[48] Rainer Maria Rilke, *El libro de la pobreza y la muerte* , traducido del alemán por Adamov.

[49] En hebreo el agua se dice "Mayim" (Mèm, Yod, Mèm). "Mah" (Mém, Hé) significa ¿Qué? El reflejo de im es mi (Mém, yod) que significa "Quién". Une fois cette étape du questionnement

La pregunta quedará: ¿su deseo será ser otro o ser aún más él mismo ?[50]

franchie, l'homme peut alors pénétrer dans la Sagesse créatrice et devient «Tsadik», un Juste, dont la lettre initiale, le «Tsadé», a pour valeur 90, soit précisément la valeur guématrique de «Mayim " ¡las aguas!

[50]El deseo de ser para Schopenhauer es ser otro, para Spinoza es ser aún más el mismo.

8 CONTRASEÑAS DONDE ENCONTRAMOS A SCHIBBOLETH

La contraseña puede ser un código como el de una caja fuerte, o palabras *de inicio de sesión* reforzadas por un código que constituye la clave completa para acceder a la información personal en la red. **Por tanto, una contraseña sugiere un interior y un exterior, algo que permite abrir, acceder. Es una frontera.**

Si se trata de un derecho de paso , entonces se trata de reglas de uso, de conocimiento y de comportamiento, de pertenencia a un grupo que deben estar justificadas.

En Egipto, el iniciado de primer grado permaneció tres años sin comunicarse con el mundo profano y, si se marchaba, ya no podría volver. Por el contrario, el iniciado de segundo grado tenía una contraseña, porque tenía, en ciertos días de la semana, la libertad de salir.
¡Poder ir y venir! De un simple sello en la mano de quien sale de una discoteca, o de una pulsera en la muñeca en una piscina, la contraseña, como algunos predicen, podría convertirse en un chip electrónico anclado al

cuerpo que contiene información sobre las exigencias para moverse en sociedad .

Una leyenda popular cuenta que en 1282, durante las vísperas, los sicilianos sublevados contra las tropas de Carlos de Anjou en Palermo y contra la mayoría de los franceses, obligaron a los extranjeros a pronunciar la palabra " *tchitchirou* " (que significa "garbanzo") para saber si era un francés, de lo contrario fueron masacrados.

Otro ejemplo: en los años 30, el dictador de la República Dominicana, Trujillo, quiso expulsar a los trabajadores haitianos. Para distinguir a los dominicanos (de habla hispana) de los haitianos (de habla criolla y francesa) les pide que pronuncien " *trujillo* " o " *perejil* ". Más de 20.000 trabajadores en Haití (incluidos niños) fueron asesinados a machetazos por no pronunciar correctamente estas palabras.

De manera similar, durante la Segunda Guerra Mundial, las tropas estadounidenses, que avanzaban contra los japoneses de una isla del Pacífico a otra, tenían que asegurarse de que sus bases de suministro estuvieran a salvo de ataques de saboteadores japoneses. Eligieron la palabra clave " *Lollapalooza* " para que sus centinelas la usaran como desafío porque los japoneses no podían distinguir entre la pronunciación en inglés de "R" y "L" y la pronunciaron " *rorraparooza* ".

Por lo tanto, no se puede tener una contraseña sin conceder el estatus de miembro a un grupo, como es el caso de la masonería.

Sin ser una contraseña, podemos considerar la expresión "está lloviendo" como una forma de reconocerse entre los masones en el mundo secular.

Los masones pueden utilizar "Está lloviendo" en una discusión para advertir de una posible indiscreción, por ejemplo si los laicos pueden escuchar su conversación.

El *Manuscrito Dumfries* de 1710 registra: "Cuando entras en una habitación, debes decir: '¿Está limpia la casa?' Si la respuesta es: "Está mal tapado" o "Gotea", debes guardar silencio.

El Rito Operativo de Salomón de la OITAR, en su *Manual de Instrucción para el aprendiz*, formula lo siguiente: "¿Cuál es el lugar del obrero (el laico)? En los atrios del templo, para el escogido, y debajo de los canalones para los demás, hasta que el agua que entra por sus hombros, salga por sus zapatos".

En el Apocalipsis, Juan recibe de un ángel una caña de un metro de largo con la orden de medir el Templo a excepción del Atrio que queda abandonado a los gentiles que tendrán que pisarlo durante tres años en las tinieblas exteriores.

Encontramos en el *Ritual del Marqués de Gages* de 1763: "¿Qué castigo soportaría un profano que se atreviera a colarse en tus palcos? Lo pondrían bajo una alcantarilla o una bomba, lo mojarían de pies a cabeza y luego lo expulsarían [51].

En Prichard's *Dissected Masonry* , 1730: "P.- Si un Cowan (o una persona indiscreta) es sorprendido, ¿cómo debe ser castigado? R.- Debe colocarse debajo de los canalones de la casa (en tiempo de lluvia) hasta que el agua corra por sus hombros y de ahí a sus zapatos.

---

[51] <tinyurl.com/rituel-MarquisDeGages>.

¡Y si la expresión simplemente viniera de la época de la construcción de las catedrales donde se construía la logia para resguardarse de la lluvia, y allí no llueve!

Parece que este término "contraseña" es de origen militar como parte del santo y seña que se descompone, más precisamente, en una palabra de citación y una contraseña; la pregunta constituye la convocatoria y el pase constituye la respuesta. La contraseña es, por tanto, un *símbolo verbal* que permite evaluar, reconocer y validar la confianza.

Desde el principio, la Palabra Masónica sirvió como medio de reconocimiento entre masones operativos: "Hay entre los masones un signo que llaman Palabra Masónica. No sé qué es pero dicen que ninguno de ellos puede estar en este conjunto sin que alguien más los considere miembros de esta misma profesión. [52]»

La palabra masón, en el sentido más simple, designa por tanto la palabra y los signos que permiten expulsar de la logia no sólo a personas de otra profesión sino también a los cowans (trabajadores no cualificados o albañiles "salvajes" sospechosos de incompetencia y/o marginalidad).

El texto *Leyes y estatutos ordenados por la respetable logia de Aberdeen.* del 27 de diciembre de 1670 describe la asistencia fraternal practicada por los masones de Aberdeen que tenían la costumbre de transmitir la Palabra Masónica a sus hijos mayores.

En la *Carta relativa a los señores de Roslin* (1697), podemos leer: "Están obligados a recibir la Palabra Masónica que

---

[52] Patrick Négrier, *Textos fundacionales de la tradición masónica* , extracto de un sermón del señor William Gutgrie, 1663-1664.

es un signo secreto que tienen los masones en todo el país para reconocerse entre sí. Afirman que es tan antiguo como Babel, de la época en la que sólo podían entenderse mediante señas.

Entre los secretos, la "palabra de masón" aparentemente se consideraba el más importante, ya que la parte ritual del *Manuscrito de los ARCHIVOS de Edimburgo* de 1696 se titula "la forma de dar la *palabra de masón* ". El catecismo simbólico de EDIMBURGO , desarrollando esta palabra masónica en 1696, introdujo en la masonería la exégesis simbólica de las descripciones bíblicas del templo de Salomón, y con ésta la reconquista progresiva de todo el esoterismo bíblico, en particular a través del simbolismo cósmico de los monumentos arquitectónicos descritos en la Biblia.

TENGA EN CUENTA que el texto de los antiguos rituales de iniciación no se conoce, porque no escritos, cada masón tenía que saberlos de memoria. Lo único que sabemos positivamente es que allí se transmitió al menos una "palabra" y un "signo" secreto. Uno de los raros detalles que tenemos sobre este tema nos lo da Robert Kirk, quien escribió en 1691: "La palabra de Mason es un misterio del cual no quiero ocultar lo poco que sé. Es una especie de tradición rabínica, una especie de comentario sobre Jachin y Booz, las dos columnas erigidas en el templo de Salomón, con el añadido de un cierto signo secreto transmitido de mano en mano, mediante el cual se reconocen y familiarizarse unos con otros. La Gran Logia Unida de Inglaterra prohibió los rituales escritos . Este conocimiento se transmitía mediante demostración sin tomar notas delante de los oficiales , siendo ellos quienes debían transmitirlo a los hermanos en su logia. A partir del ˢⁱᵍˡᵒ XIX , rápidamente aparecieron detalles y variaciones crecientes en la práctica de los rituales porque la transmisión dependía únicamente de la memoria. En 1792, entre los Maestros Excelentes, "nueve hombres valientes" recibieron el encargo de restablecer el orden para que "los Monumentos Antiguos sean escrupulosamente preservados y transmitidos puros y **sin modificaciones** a nuestra posteridad **para siempre** ", como se dice. Así apareció el *librito azul* , un pequeño librito azul que contiene el ritual escrito al estilo de LA EMULACIÓN , la llamada versión honorable; Los secretos se indican de forma abreviada, con la primera y la última letra de las palabras.

Hoy la contraseña solicitada al masón le permite ingresar a una de las salas del templo, teniendo el grado correspondiente (excepto cuando aumente de grado, la contraseña le será entregada durante su recepción a este nuevo nivel). Es difícil entender por qué de un rito a otro, de un ritual a otro, se utilizan las mismas contraseñas en diferentes grados. Por ejemplo: shibboleth en la REAA en 2° ᵍʳᵃᵈᵒ , en el RER lo encontramos para el maestro; Tubalcain en 1° ᵍʳᵃᵈᵒ de la RF y 3° ᵍʳᵃᵈᵒ de la REAA; Gibelin al RER para el acompañante es también la contraseña del maestro para la RF.

En la masonería, se dice que Hiram hizo primero tres clases de constructores, entre ellos uno de aprendices, uno de oficiales y uno de maestros, recomendando que cada uno cumpliera con sus deberes en particular; les advirtió que a todos les pagarían todos los sábados por la noche. De hecho, les pagó , pero hacia finales de mes. Al darse cuenta de que le estaban engañando en el pago porque le faltaba dinero, imaginó que los aprendices o los oficiales le habían engañado recibiendo el salario del maestro. Para remediar este abuso, a cambio de una palabra, una señal, un toque y un pase, los trabajadores acudían a depositar sus herramientas cerca de una de las columnas del Templo y recibir el salario por su trabajo. La columna de la izquierda se utilizó para los aprendices, la columna de la derecha se utilizó para los oficiales. A los maestros se les pagaba en la sala del medio. Es la contraseña de los amos que los malos compañeros habrían querido apoderarse.

Ciertas Logias del rito francés indican no una palabra sino un número: 3593. La explicación se encuentra en el *Ritual del Marqués de Gages* de 1763 detallando lo que pudo haber sido el toque de reconocimiento del maestro para cobrar durante la construcción de el templo, antes de la muerte de Hiram. Los antiguos toques se hacían así: cuando los maestros habían arreglado todos los asuntos del templo el sábado, llegaban a la habitación interior donde Hiram los recibía y les pedía palabras, señales, toques, pases y significados. "Los Maestros para recibir su salario tomaron a Hiram por la primera articulación del dedo medio diciendo Jachin luego por la segunda diciendo Booz luego por la tercera diciendo Jehová, somos 3593 Maestros que recibimos este salario". Después de la muerte de Hiram, se le dio un significado a estos cuatro números, se dice que: tres forman, cinco componen, nueve fueron enviados a buscar el cuerpo del Maestro y tres lo asesinaron.

Es importante saber que la elección de las letras que constituyen las contraseñas de la Masonería ya se consideraba de origen cabalístico en 1726, es decir cuatro años antes de la publicación de *Masonry Dissected*. El primer uso conocido de letras hebreas en textos rituales masónicos se encuentra en el primer catecismo masónico impreso , *A Mason's Examination* , publicado en 1723 [53].

Hacia mediados del siglo XVIII , las contraseñas sólo se utilizaban en Francia y Alemania, como se menciona en la divulgación de Abad Pérau, *La Orden de los Masones traicionada y el secreto de los Mopses revelado en 1758* [54]. Aprendemos que **Tubalcain** era la contraseña del aprendiz, **shibboleth** la del compañero y **Giblim** la del Maestro.

Por ahora, unas palabras sobre Giblim antes de mirar a Schibboleth.

Es con la forma "Ghiblim", con una H entre la G y la I, que el pastor Anderson lo menciona. En efecto, la *llamada Constitución Anderson* de 1723 ya mencionaba este nombre, en una nota a pie de página, en la descripción de los trabajadores del Templo de Salomón, considerando que había 80.000 " *Ish Hotseb* [חוצב] canteros y escultores, también llamados Ghiblim. durante la construcción del Templo [55]. Y para precisar en una edición posterior: son, se dice, excelentes albañiles; generalmente son oficiales, a veces aprendices, nunca maestros.

---

[53]Henrik Bogdan, *La influencia cabalística en el desarrollo del grado de Maestro en Masonería* : <tinyurl.com/influence-kabbalistique>.

[54] pag. 137: <tinyurl.com/contraseñas>.

[55]Pág. 13/83: <glnc.org/document/anderson.Langlet.pdf>

Ghiblim, esta palabra proviene de la Biblia, del capítulo IRoi5, evocando el trabajo de los "Ghiblim (traducido como gibleanos) que escuadraron y moldearon la madera y la piedra para la construcción del templo". ¿Podría ser el origen de la palabra *Giblos* o *Gabaa que* es una montaña cercana a Jerusalén de donde, según la leyenda, se extrajo la piedra necesaria para la construcción del Templo?

¿O esta palabra proviene de los giblitas, los habitantes de la ciudad y región de Gebal (antes Biblos), en Fenicia, bajo el gobierno del rey de Tiro, quien los envió al rey Salomón junto con los bosques del Líbano? Los habitantes de Biblos tenían fama de excelentes carpinteros como está escrito en Ezequiel; 27,9: "A los ancianos de Gebal y a su gente experta, los empleasteis para reparar vuestros daños [de las embarcaciones]". Sin duda, Salomón habría reservado a estos especialistas la carpintería, mientras que la construcción en piedra se atribuía a otros trabajadores. ¿No debería leerse el versículo, como sugiere el arqueólogo René Dussaud, así: Los giblitas escuadraron la madera mientras los trabajadores de Salomón y los de Hiram tallaban las piedras para la construcción del templo?[56]

Una digresión sobre la madera. En el libro *Horas de Catalina de Cleves de 1440,* la miniatura de la página 109 [57]se comenta de la siguiente manera: la madera no apta para la construcción del Templo [es decir, que habría sido mal cortada, demasiado corta o demasiado larga según la entendemos Con la miniatura anterior [58]] se

---

[56] *Biblos y los giblitas en el Antiguo Testamento* , p.10/10: <tinyurl.com/Byblos-et-les-giblites>.

[57] <tinyurl.com/la-passerelle-de-bois>.

[58] <tinyurl.com/le-bois-mal-taille>.

utiliza como un puente peatonal bajo sobre el arroyo Cedrón (que una vez fluyó entre Jerusalén y el Monte de los Olivos) . Es esta puerta la que la reina de Saba debe cruzar para visitar a Salomón. La reina, sin embargo, tuvo una visión profética de que el puente proporcionaría la madera sobre la cual Cristo sería crucificado. Por lo tanto, ella se niega a caminar sobre el puente y vadea, como vemos aquí, a través del arroyo para reunirse con el rey que la espera.

Por tanto, ¿no podemos considerar la contraseña del maestro, giblim, así como el mito de Hiram de este grado, como la hipóstasis de la crucifixión de Jesús?

Las palabras del semestre se utilizan como contraseña.

A PARTIR DE 1777, tras la verificación general de todos los masones del nuevo Gran Oriente reconocidos como regulares, se estableció la comunicación de una doble palabra de reconocimiento, renovada cada seis meses. Esta medida siguió siendo particular de la masonería francesa [59].

Las Palabras Semestrales , específicas de cada obediencia, son comunicadas dos veces al año, a veces sólo una vez, durante una Cadena de Unión por el Venerable a los miembros de la Logia. Estas son dos palabras que se utilizan para reconocer a los masones activos. Sus conocimientos permiten comprobar la asiduidad masónica de quienes se presentan a la entrada de una logia que visitan. La lista de las diferentes palabras

---

[59] Oswald Wirth, *El libro del aprendiz,* cap. *El Gran Oriente de Francia.*

semestrales es intercomunicada a los Techadores de las diferentes logias de obediencias "amigas". Su desconocimiento y su falta de comunicación por parte de un visitante desconocido podría demostrar al Taller una falta de asiduidad del masón que presenta él mismo o una intrusión prohibida.

Según Jules Boucher , está prohibido escribirlos y comunicarlos a quien los haya olvidado; sólo el Venerable puede transmitirlos.

La transmisión de las dos palabras semestrales, generalmente el nombre de un personaje vinculado a la Masonería y una cualidad virtuosa que comienza con la misma inicial, se realiza mediante un susurro; la primera palabra circula por el lado Sur, la segunda, por el lado Norte. Durante una Cadena de Unión, el Venerable transmite una palabra a su derecha al 1º [Supervisor] lo más discretamente posible. Quien lo recibe a su vez lo transmite al que tiene vinculado a su derecha. La palabra circula así hasta regresar al Venerable. Éste al mismo tiempo transmite a su izquierda al Segundo Supervisor la segunda palabra que circula en sentido contrario para regresar al Venerable, quien le anuncia que las palabras han regresado "justas y perfectas". Cuántas transformaciones nos hicieron sonreír estas palabras cuando volvieron al oído del Venerable; la incomprensión, la ignorancia del vínculo que no puede reconocer lo que oye propaga aproximaciones acumulativas de palabras y ¿qué pasa con el ROPM que comunica palabras semestrales, además del francés, a veces en hebreo, a veces los nombres de los faraones?

En el RER, según el ritual adoptado en 1782 en Wilhelmsbad, la transmisión se realiza al cierre de las Obras de 1er grado ' una vez al año, cuando los hermanos forman la cadena, con los brazos cruzados,

alrededor del tablero de la Logia. Primero el Venerable pasa el mensaje anual del año anterior, luego el del año en curso , luego dice una oración antes de romper la cadena y completar el cierre de la obra.
En el ritual Amable de 1887, se prescribe una breve Cadena de Unión para la transmisión de palabras semestrales.

La más conocida de las contraseñas, *Schibboleth* , pronunciada en un susurro, fue adoptada para hablar de un rasgo lingüístico que permite diferenciar a los hablantes. La palabra es tan buena como la forma en que se dice, su énfasis, su sonido. No revela un significado, sino un rasgo privilegiado en los márgenes de la lengua que puede señalar una pertenencia. **Un *shibboleth* se ha convertido, en el lenguaje cotidiano, en una frase o palabra que sólo puede ser utilizada o formulada correctamente por miembros de un grupo.** En otras palabras, un *shibboleth* representa una señal verbal de reconocimiento, una contraseña, de paso.

Antes de la escritura masorética, [siglo VII] a.C. BC, SCHIBBOLETH fue escrito (שיבלת), con una yod en la penúltima letra, luego escrita sin yod (שבלת).

En la Biblia , la palabra *shibboleth* cuya expresión encontramos en Isaías; 27,12 y Salmos; 69,16. a veces significa "mazorca, cereal", "rama" a veces "flotador", "agua profunda"
También en su *Diccionario de hebraísmos en el rito escocés antiguo y aceptado* , Miguel de Saint-Gall especifica: Schibboleth tiene un doble significado: espiga de trigo y corriente de río. Del mismo modo, *el Diccionario de la Biblia de André-Marie Gérard* ofrece la siguiente traducción:

río u oreja. La iconografía masónica sintetiza estas definiciones representando a menudo una espiga de trigo al borde de un curso de agua.

Pero es en el Libro de los Jueces 12,4 al 6 donde aparece el shibboleth como contraseña. ¿De qué se trata? En realidad es una guerra fratricida entre Jefté y los efrainitas parte de una epopeya de guerras, reconquistas de territorios, desvíos culturales de los hijos de Israel y todo ello arbitrado por su Dios.

En resumen: Jefté es un hombre fiel a sus juramentos hasta el punto de tener que sacrificar a su única hija para respetar una promesa hecha al Eterno SI vencía a los amonitas. Esta historia se cuenta en Jueces, 11, 31 al 38.
Jefté es el líder de la tribu de Gad. Los efrainitas habían amenazado con quemar su casa porque afirmaban que no habían sido invitados a luchar contra los amonitas que habían invadido su territorio [60]y contra los cuales Jefté salió victorioso. Jefté consideró esta una querella injusta porque no sólo, como dijo "invoqué tu ayuda, no me ayudaste contra ellos", sino que el sacrificio de su única hija fue el tributo que pagó por la victoria. Estos efraimitas eran considerados altivos, tercos hasta el extremo y siempre dispuestos a resistir las pretensiones de otras tribus. Entonces les dio batalla.
Primero, los efrainitas cruzaron el Jordán de oeste a este y lograron entrar en el territorio de Gad.
Pero, cuando Jefté derrotó a los efraimitas y tomó los vados del Jordán (probablemente hacia la ciudad de Gilgal), muchos fugitivos quisieron volver a cruzar el río de este a oeste. "Cuando un hombre que huía de Efraín

---

[60]Juez;10.8.

dijo : "Déjame pasar", la gente de Galaad preguntó: "¿Eres efrainita?" Si respondía "No", entonces le decían: "¡Bueno, di **sch** ibboleth!" (שׁ ב ל _ que se traduce como cereal). Pero como pronunció **s** i bboleth, al no poder expresar correctamente el silbido de la primera letra de esta palabra (ס ב ל ת , que sorprendentemente se traduce como sufrir), los hebreos lo mataron en el acto. Es igualmente sorprendente encontrar en la raíz hebrea de esta palabra las letras (שׁ ב) que dan la idea de regresar a un estado primitivo, a un lugar del que se había salido y también la idea de cualquier estado de remoción. de la propia patria, una deportación, una captura, como explica Fabre d'Olivet en *La lengua hebrea restaurada*[61]
Nótese que es cerca de este lugar, los vados del Jordán, donde Jesús será muy bien recibido por los efrainitas mientras, perseguido, se dirige a su última fiesta de los Tabernáculos. Contará una parábola sobre la unidad de los pueblos inspirada en la profecía de Ezequiel (Ez; 37, 16 a 28).

Schibboleth se convierte en algo que diferencia a estos hermanos tan cercanos; Efraín y Manasés, son los dos nietos bendecidos por Jacob [62]que rechazan el paso e incluso la vida por diferentes creencias: no poder susurrar sería no adorar al Shaddai (shaddai que también aparece en el texto de la oración, traducido de las Constituciones irlandesas de Pennell (Dublín, 1730 (31) : "Santísimo y Glorioso Señor Dios (este es el

---

[61]Fabre d'Olivet, *La lengua hebrea restaurada y el verdadero significado de las palabras hebreas restaurado y demostrado por su análisis* , 1.ª parte, p. 380/392: <tinyurl.com/langue-hebraique-restituee>.
[62]Delphine Horvilleur: <tinyurl.com/petitsfils-de-Jacob>.

Todopoderoso, en hebreo El Shaddai), tú, Gran Arquitecto del Cielo y de la Tierra,...). En efecto, durante su estancia de varios años en Egipto , Jeroboam (de la tribu de Efraín) había conocido la religión del país, y pudo ver que el culto a los animales, particularmente el del toro, era muy ventajoso para los reyes, pensando que este culto podría también le fuera útil, por lo que consultó con sus consejeros para introducirlo en su reino desviando el Efraín de Shaddai. Se observará que shadai es una palabra de sustitución al verbalizar para no pronunciar la palabra impronunciable del tetragrama que es escrito en él en el texto.

En cuanto a los 42.000 sacrificados durante esta narración, su número está escrito en hebreo con 3 letras "mem beth seguida de Aleph final" que marca los miles. Ahora, simbólicamente Aleph designa el Principio y cuarenta y dos, con las letras beth y mem, introduce la palabra hebrea "bama" a este lugar dedicado al culto de los ídolos a los que se sometían los EFRAIMITAS . Debe entenderse, por esta referencia, que quienes pronuncian SIB... son juzgados según las normas aplicables a los idólatras, son masacrados. La separación fue cuanto menos radical, pero ¿qué pensamos, tomando literalmente, que fueron 42.000 masacrados por un simple conflicto de susceptibilidad entre dos tribus del mismo pueblo de Israel ?

Así que, en su lugar, probemos el enfoque simbólico.

En la historia bíblica, el cruce está prohibido a quienes no sepan pronunciar correctamente la contraseña. Jefté significa "él abrirá", "él liberará" o "Dios libera". Jefté "libera" a los galaaditas de sus enemigos ; en una visión esotérica, él es quien libera al hombre del yugo del materialismo excluyente dándole acceso a la otra orilla, al mundo espiritual, a condición de que pronuncie la palabra justa, una manera de reconocerse yavhista.

Tomado en sentido simbólico, el asesinato del efraimita al cruzar el río es también el del extraño que está dentro de sí mismo para, con ocasión del cambio de orilla, adquirir la plenitud de su ser interior. Esta lucha contra la parte mala de uno mismo de la que hay que deshacerse también encuentra un eco en el Islam esotérico sufí, donde éste es el verdadero significado del *Ijtihâd* . (guerra contra uno mismo) [63].

La forma de la letra inicial a pronunciar, la shin ש , dibuja la bienvenida a través de la apertura de lo que viene de arriba para fecundar espiritualmente al ser, iniciando también esta misma letra el nombre divino *Shaddai* . Usar la pronunciación sibilante significa usar la letra *Samekh* ס cuya forma muestra cierre y la incapacidad de recibir espiritualidad, *siboleth* significa "carga", por lo tanto rechaza la sombra.

Al igual que la diagonal, Schibboleth también se une. **El gesto correcto y la pronunciación correcta son códigos de pertenencia.** No olvidemos los orígenes irlandeses y escoceses de la masonería; "La identidad verbal del clan era específica de los escoceses o pictos (y de cualquier tribu), porque el significado dado a la palabra era común para ellos y desconocido para los extranjeros que desconocían su pronunciación y acento específico. Para los *Antiguos* (que apoyaban a Estuardo), el mosaico sería entonces la reminiscencia para

---

[63]Vídeo, *Claude Hagège analiza los discursos de las religiones en "Religiones, Palabra y Violencia "* : <tinyurl.com/le-veritable-ljtihad>.

demostrar la pertenencia de uno, realizándose en la pronunciación específica del clan y con la mano derecha en la buena comprensión del Salmo 137.

Desde una perspectiva iniciática, hermética o alquímica, las dos orillas de un río representan los mundos material y espiritual. Están separados pero forman un todo. Cruzar el río, hacer el esfuerzo de pasar al otro lado, significa en el ámbito iniciático acceder al mundo espiritual poniendo en riesgo la propia vida. Es la prueba del agua purificadora cuyo éxito abre el paso a otro estado del ser. La prueba del agua imagina el diluvio contemporáneo de clichés y de palabras, que ya no nos permiten realmente encontrarnos dentro de nosotros mismos y que abruman al hombre con infinitos rumores e informaciones, ahogando el acceso al libro, la lectura, la interpretación, dificultando la la imaginación creativa que se abre a lo que la filosofía llama "trascendencia".

Este plazo de derecho de paso se transmite al acompañante durante el aumento de salario. El versículo *12.6 de Jueces* nos permite conectarlo con la columna Yakin que es la del compañero en la REAA.
De hecho, si leemos este versículo en hebreo, la palabra "Yakin" está asociada con esta contraseña.
La traducción del verso al francés elude esta relación ya que dice: "le dijeron: ¡Pronuncia Chibboleth! Pronunció Sibolet, no pudiendo decirlo **correctamente.** " Ahora bien, "correctamente" se escribe Yakin en hebreo, como podemos leer en hebreo en este versículo. Esta palabra tiene el significado de **justo, justo, en rectitud** .
Según el acontecimiento bíblico al que se haga referencia, **no se trata de bajar o remontar corriente, sino de cruzar el curso del agua, es decir cruzar un paso que**

no sólo se concede a quien es suficientemente cuadrado, sino que diría. En hebreo, la palabra *sapha* tiene un doble significado de orilla y de lengua. El lenguaje es lenguaje y habla. El lenguaje está en el diccionario, es social y colectivo. Pero cada uno tiene la posibilidad individual de su uso, que es la palabra que debe ser justa y rectitud.

"Al ser un índice de la mente, el masón no debe pronunciar nada más que lo que realmente dicta el corazón".

La contraseña es bien distinta de la palabra sagrada que sintetiza cada grado iniciático.

Entonces podríamos hacernos la pregunta: ¿Hiram quería ocultar una contraseña, una palabra sagrada o cualquier otra cosa?

A la espera de leer el folleto *Luces hacia la sala central* de la *Colección Vagabondages Masónicos* que intentará dar una respuesta, recomiendo un texto del hermano Rémo Boggio: *Schibboleth , La letra shin o el significado alquímico de los hebraísmos masónicos* [64].

---

[64] Rémo Boggio del grupo de investigación suizo Alpina: *Schibboleth , La letra shin o el significado alquímico de los hebraísmos masónicos* <tinyurl.com/la-lettre-shin>.

9 PALABRAS SAGRADAS

Es el ritual que considera sagradas ciertas palabras. Emitidos en arcanos al pasar a un nuevo grado masónico, se les solicita que verifiquen su conocimiento del grado de tenencia.

Al igual que en el primer grado, una palabra se deletrea cuando se pregunta en el segundo grado. Sin embargo, en la REAA, el oficial, a diferencia del aprendiz, comienza dando la primera letra; ha adquirido conocimientos suficientes para iniciar la palabra, pero aún necesita del maestro que le muestre el camino dándole la siguiente letra del nombre de la columna donde recibe su salario [65].
En el RER, RF la palabra sagrada es Boaz, en la REAA Jakin, en el ROS la palabra sagrada es la unión de los nombres de las dos columnas del Templo de Salomón. Para Jean-Marie Ragon, la palabra sagrada Jakin es pentagramática; Booz tetragrámico. Ésta es sin duda la razón, escribe, por la que el rito escocés adoptó un orden opuesto al rito francés. Se apegó a la letra, mientras que el rito moderno, más racional, se apegó al significado de las dos palabras (Jakin significa iniciación, preparación, comienzo).

---

[65]Ver el siguiente capítulo *No puedo leer ni escribir*

En el segundo grado, cualesquiera que sean las posiciones de las dos columnas Jakin y Boaz (donde los aprendices y compañeros reciben su salario), que varían según el rito, todos sus significados se transmiten íntegramente al compañero.

A diferencia de las palabras sagradas de los dos primeros grados, la palabra sagrada de los Maestros no está escrita. ¿Deberíamos verlo como una señal de logro, de alcanzar un título?

La palabra sagrado es una palabra sustituta ya que se acordó que aquellos que no encontraran el verdadero secreto en sí, lo primero que descubrieran ocuparía el lugar de su secreto. Se pronuncia después de la resurrección de Noé, según el manuscrito de Graham, de Hiram de 1730. Graham concluye su relato diciendo que estos tres hijos de Noé acordaron darle "un nombre que todavía hoy se conoce en Francia: la masonería". Esta palabra acuñada por los tres hijos de Noé según sus tres palabras distintas (*Médula en este hueso; hueso seco; apesta*) es la palabra del maestro primitivo.

Posteriormente, podemos distinguir tres familias de palabras maestras:
~ la familia del prototipo "Mahabyn" con sus derivados (Matchpin (1711), Maughbin, Magboe (1725), testigo del antiguo sistema trigradal como lo señaló Harry Carr en *El masón en acción*. Es interesante notar que ya en 1700, encontramos en el *Sloane 3329*[66] revelaciones de la existencia del rango de maestro y de la palabra sagrada: "Tienen otra palabra a la que llaman palabra de

---

[66]El sloane: <tinyurl.com/le-sloane>.

maestro, y es Mahabyn, que siempre dividen en dos palabras. Están de pie juntos, pecho con pecho, los tobillos derechos tocándose desde adentro, estrechándose la mano derecha con el apretón de manos del maestro, las puntas de los dedos de la mano izquierda presionando fuertemente las vértebras cervicales ; Permanecen en esta posición el tiempo suficiente para susurrar Maha al oído del otro y el otro, en respuesta, Byn [67].

~ la familia del prototipo "Machbenah" y su corolario abreviado "MB". con sus derivados (Mak - benak, Makbenark, Macbenac, Mackbenak, Macbenack, Makbenah מְכָבְּנָהo מְכַבְּנָא), adoptados por los "Modernos" desde el momento en que optaron por un sistema trigradal. Prichard, en el catecismo correspondiente al rango de Maestro de *Masonería Diseccionado* (1730) relata: "Susurra al oído y, apoyado en los Cinco Puntos de Compañerismo, indicados anteriormente, dice Machbenah, que significa The Builder is hit (El Constructor es golpeado *) está enamorado*).

Si "mac" puede traducirse como hijo de, "benac" es también viuda, es decir mujer reducida y amputada de una parte de sí misma. (Daniel Ligou, *Diccionario de la Masonería* , 1987, PUF) por tanto hijo de la viuda.

~ la familia del prototipo "Mahhabone" y sus derivados (Moabon, Mahaboneh, Mohabon), desde la creación de la Gran Logia de los "Antiguos". Es por primera [vez] , en la divulgación *Los tres golpes distintos* de 1760, presentada como la primera publicación del ritual de los Antiguos, que esta palabra aparece así como la leyenda de Hiram tal como todavía se conserva hoy.

---

[67] <reunir.free.fr/fm/oldcharges/sloane>.

Mahabone está escrito allí בן מה, *ma ben*, ¿cuál es el hijo?
Pero ben בן es también sinónimo de "hombre" איש, lo
que da : ¿qué es el hombre? Sumándose al enigma
ontológico de la Esfinge.

sloan 3339	<= 1700	MAHABYN
Trinity College, Dublín	<= 1711	CERILLA
examen de albañil	1723	MAUGHBIN
Se inauguró toda la institución de los masones.	1725	MABOE
graham	1726	MÉDULA EN EL HUESO
Mampostería disecada (Pritchard)	1730	MAJBENÁ
La misteriosa recepción	1738	MAJBENÁ
El sello roto	1745	MACBENAC
La Orden de los Masones traicionada	1745	MACBENAC, MACHENAC, MAK-BENAK
anti-masón	1748	MAKBENA rk _
mason desenmascarado	1751	MACBENAC
La llave maestra de la masonería	1760	MAKBENAK
Tres golpes distintos	1760	MAHHABONE, מהבן, *podrido hasta los huesos*
Jaquín y Booz	1762	MAHHABONE, MAC BENACK
Grasse-Tilly	1813	MOABON y MAK-BENAK
El alicatador de Vuillaume	1830	MOABON, מואבן (*en patre*) y MAK-BENAH, (בהנך - מק *Aedificantis putrido, Filius putrificationis*)
Convento de Lausana	1876	MA HABONEH

Expresadas en hebreo, las diferentes palabras sagradas del maestro encierran, según los rituales, significados similares: "la carne abandona los huesos", "podrido hasta la médula" o "hijo de la putrefacción".
Sabemos, a través de la práctica del ritual masónico, que el Maestro resucitó por el renacimiento y más particularmente por la palabra sagrada del maestro. En los rituales de muerte y resurrección, practicados por la mayoría de los pueblos, se pronuncia la palabra sagrada y sólo entonces se proclama resucitado al Maestro; Así es como el masón se convierte, a través de la comprensión de la sagrada palabra maestro, en el sucesor de Hiram.

"Esta palabra hablada es la *solución alquímica* , el aliento que va hacia el cuerpo, que espiritualiza y luego va hacia el espíritu. En la RF, es *Mac Benach* . Estas palabras se refieren a una práctica bastante antigua, ya que aparece en un ritual de 1770. Se han propuesto numerosas interpretaciones, en particular en el siglo XVIII por Thomas Paine, que ve un origen druídico mediante el uso de términos celtas que dirían "hijo (mac) de la Viuda (Benac)".
Por otro lado, la palabra representada por sus iniciales M y B, sería de origen irlandés.

Otra interpretación deriva M y B de las palabras hebreas *makhah* y *boneh* , cuyo significado es "un arquitecto fue asesinado". Sin embargo, observamos que *Beneh* significa " generar " y *Maq* " putrefacción "; se trata de volver de entre los muertos y, en términos alquímicos, se refiere a nacer de la putrefacción. como parte de la Gran Obra es designado.

Completo con el artículo *Nueva Aproximación Histórica y Simbólica a la Palabra del Maestro* :[68]

En efecto, es la elevación del cuerpo la que trae la liberación y la palabra , el aliento, la que trae la vida, la que libera al prisionero. En todos los casos, el quinto punto del rodamiento se realiza boca a boca. Comprendemos bien, además, que la transferencia del aliento de la palabra creadora, representada simbólicamente por la palabra sagrada , no puede realizarse de otro modo, ya que es a través de la boca como se expresa el pensamiento humano. Las palabras son las indicadas por el ritual o por las palabras del ÉXODO : "Le hablarás y pondrás las palabras en su boca. Yo estaré en tu boca y en su boca, y te diré lo que debes hacer". Los tres grados forman un ciclo y la estancia de Hiram en el corazón de la tierra corresponde a la estancia del laico en el corazón de la sala de reflexión, nacerá de su propia disolución, del olvido de su *ego* . Esta imagen toma la forma de una expresión, *MacBénach* , que se parece extrañamente a otra, *Makpélàh* , la cueva del monte Moriah en Hebrón, la tumba de Abraham.

La interpretación más reciente es: "el hijo del maestro muerto" o "vive en el hijo".

En REAA, *mohaben* significa "hijo de putrefacción".

TENGA EN CUENTA que el texto del antiguo ritual de iniciación no se conoce, porque no estaba escrito, todo masón tenía que saberlo de memoria. Lo único que sabemos positivamente es que allí se transmitió al menos

---

[68] *Nueva Aproximación Histórica y Simbólica a la Palabra del Maestro* < ledifice.net/7093-2.html >.

una "palabra" y un "signo" secreto. Uno de los raros detalles que tenemos sobre este tema nos lo da Robert Kirk, quien escribió en 1691 : "La palabra de Mason es un misterio del cual no quiero ocultar lo poco que sé. Es una especie de tradición rabínica, una especie de comentario sobre Jachin y Booz, las dos columnas erigidas en el templo de Salomón, con el añadido de un cierto signo secreto transmitido de mano en mano, mediante el cual se reconocen y familiarizarse unos con otros.

La palabra sagrada transmite la fuerza vital, es a través de ella que se despierta el nuevo maestro.

La palabra para el rango de maestro se da mediante besos pronunciando la primera sílaba al oído derecho y las dos últimas al oído izquierdo. Pero sólo se entrega íntegramente en el albergue. Fuera del cuadro, solo viene dado por las dos letras M☐ B☐ , una da la primera, la otra la segunda [69].

En ciertos ritos, hay una palabra del maestro de la Logia que es revelada al Venerable durante una ceremonia de coronación, antes de la ceremonia de su instalación en la logia general [70].

---

[69] Continúe el estudio con la notable obra de CM *Nueva aproximación histórica y simbólica a la Palabra del Maestro* : < tinyurl.com/le-mot-de-maitre > .

[70] Pierre Noël, *Una ceremonia pintoresca de un rito no menos pintoresco* : <tinyurl.com/mot-de-venerable>.

10 NO PUEDO LEER NI ESCRIBIR

Esta noción de lectura-escritura la encontramos en el Corán cuando el Profeta recibe la revelación del ángel Gabriel, Djabraïl, quien le ordena *Ikrà* , ¡lee! Y el profeta, como el aprendiz, le responde: ***No sé leer ni escribir*** .

No sé leer ni escribir es la respuesta que se da a la petición del aprendiz de la palabra sagrada. Esta petición se realiza tocando la mano derecha por un maestro aplicando discretamente un cierto número de presiones en partes específicas de los dedos. Y el aprendiz añadió: ***Sólo sé escribir.***
A propósito de *Trois Coups Distincts* , presentada como la primera publicación del ritual de los *Antiguos* , Jean-Claude Villant escribe: Ahora sabemos que la fórmula "No lo sé" . ni leer ni escribir" que se utiliza en Francia es una innovación bastante tardía de la REAA. En el estado actual de nuestros conocimientos no apareció antes de 1825-1830 y constituye una desviación con pretensiones académicas, moralizantes y sociales como la que comenzaría a transmitir la Masonería en el resto del siglo XIX . La cuestión no era si uno sabía leer o escribir, sino que, de acuerdo con el juramento, uno no debería escribir y, por lo tanto, no debería tener que leer los "secretos" de los masones. La fórmula del Rito Francés,

" NO **DEBO ni leer ni escribir" está en conformidad con las fuentes rituales** ^{y la lógica} del siglo XVIII , incluso si se utilizaran ayudas para la memoria escrita. La Gran Logia Unida de Inglaterra prohibió los rituales escritos. Este conocimiento se transmitía mediante demostración sin tomar notas delante de los oficiales, siendo ellos quienes debían transmitirlo a los hermanos en su logia. A partir del ^{siglo XIX} , dos logias de instrucción, *la Logia de Estabilidad* y *la Logia de Emulación de mejora* , revelarán muy rápidamente detalles, funcionamientos (un estilo, una manera de hacer las cosas, *trabajo de estabilidad* y *trabajo de emulación*), aumentando variantes porque la transmisión se basaba únicamente en la memoria. .

En 1812, uno de los primeros manuscritos de la REAA, el primero en cualquier caso en proporcionarnos una fórmula introductoria para la palabra aprendiz, retomó implícitamente esta noción de deber. Al que preguntó la palabra, el interrogado respondió: "Yo no la aprendí así. Dime la primera letra, te diré la segunda". Todo esto revela cada vez una trampa: no bastaba con saber las palabras, todavía había que decirlas en la forma en relación al juramento y sus prohibiciones.

No sé leer ni escribir, no sé que la ortografía no es sólo una admisión de ignorancia o conocimiento fragmentario (el neófito conoce las letras pero ignora la pronunciación), es también el comienzo de un método de enseñanza, de un cuestionamiento recíproco, de una búsqueda. Éste es el método iniciático: distinguir lo que se dispersa para reunirlo y luego desmembrarlo para reconstituirlo. Divida el significado en tantos significados como sea posible y luego reconstruya el significado. Paso a paso, letra a letra, el aprendiz avanza hacia su punto central, recibiendo desde la periferia, iniciando su introspección.

Pero a cada letra dada por el maestro, a cada partícula de luz recibida, el aprendiz responde con otra letra, expresando así que el maestro también recibe del aprendiz que no es otro que su espejo. Es una dialéctica de dar y recibir.

Poco a poco, a través de este intercambio, el aprendiz ve la letra revelada, descubre su espíritu, imprime su espíritu en ella. Más allá del significado de la palabra escrita, está el deseo de esa palabra. Cada hermano o hermana proporciona al aprendiz los elementos de progresión necesarios para continuar su camino, entregándole sólo la siguiente letra cuando asimila la anterior; ¡en un orden iniciático y progresivo! El símbolo es el lenguaje de lo esquivo, ofrece la libertad de pensar por uno mismo, de pensar en uno mismo, de descubrir la propia naturaleza íntima.

Leer letra tras letra es comprender la constitución de las cosas según su esencia , es captar los inicios del lenguaje que se crea, que nace en la luz del mundo. Leer las palabras es encerrarse en la totalidad, sin haber recorrido el difícil camino de ensamblar una letra con otra, sin comprender el camino secreto del paso de una a otra, de la creación del significado que se añade a cada letra. en su relación con los demás, en su articulación, es decir en su simbolismo. Así, cuando las letras reunidas devuelven la vida a la palabra, es a través de la comprensión y la reunión de la totalidad de su ser fragmentado, cuerpo, mente, alma, que el aprendiz puede renacer, aprende a reunir lo que está disperso. . Cada letra es el lugar de estar en potencial [71].

---

[71] Vídeo con Claude Hagège, *Hablar o comunicar* : <tinyurl.com/parler-ou-communicater>.

Se explica al RER: "Al hacerlo, el aprendiz pronuncia sólo las consonantes de la palabra [en hebreo, sólo hay consonantes], el Venerable pronuncia todas las vocales [la cantilación]. Ahora bien, las consonantes son la columna vertebral de una palabra, su esqueleto, sin el cual la palabra no existiría; las vocales son el Aliento divino (la rouah de la religión judía) sin el cual las consonantes serían simplemente impronunciables.

Escribir es ante todo alcanzar ciertas etapas o niveles superiores de razonamiento , como sintetizar, analizar, crear, descifrando las relaciones que existen entre los elementos que dan estructura al mundo. Es este trabajo de transmisión y recepción, de elaboración interna y luego de don al hermano o hermana que lo necesita, en el momento que lo necesita, lo que hace viva la tradición.

Esta noción es, sin embargo, una distorsión histórica del proceso ritual de reconocimiento de los anglosajones, que no tiene ningún valor simbólico en sí mismo, pero constituye un recordatorio de cautela respecto a la revelación de prácticas de secretos antiguos considerados como tales: "Dame eso". palabra. – No es así como lo recibí, no es así como lo daré. - Como le guste. Dame la primera letra y te daré la segunda. – Tú eres el interrogador; Depende de usted comenzar. – B. – O…"

El alcance simbólico de la función de la ortografía "nos obliga a desandar el camino recorrido por la luz ontológica hasta nosotros" [72].

---

[72]Para completar leyendo un texto muy relevante: *Qué significa la ortografía* : <tinyurl.com/ce-qu-epeler-veut-dire>.

Recordemos que la pronunciación de un nombre es una vibración , que lo que sólo se puede deletrear es una protección contra el nombre pronunciado completo, que se necesita una guía y un lugar para lograr evocar los nombres de Dios tal como aparecen en La biblia. El Tetragrámaton (היהו) en particular; Pronunciar Su Nombre en vano era un delito capital según la ley judía.

Las letras separadas no tienen gramática , lo que significa que el aprendiz aún no conoce este arte liberal, cuyo conocimiento será materia de la siguiente titulación.

11 LA PALABRA PERDIDA

Todas las tradiciones hablan de una época feliz en la que los seres pensantes, en paz e inocencia, vivían en el seno de la verdad. En esta época, en la que ningún velo cubría la realidad, una palabra universal penetró uniformemente en todos los niveles de la inteligencia. La búsqueda de la Palabra perdida, a menudo mencionada, es la de la primera revelación. El simbolismo de la lengua primordial es otro sinónimo. Según la tradición musulmana, es la lengua siríaca o solar, expresión transparente de la luz recibida en el centro espiritual primordial. Es significativo que los animales entendieran el lenguaje celestial. La introducción chamánica al lenguaje de los animales es, por el contrario, un símbolo del retorno al estado edénico. Más precisamente, este lenguaje es a veces el de los pájaros. Sin embargo, la lengua de los pájaros es una lengua celestial o angelical, simbólicamente análoga a la lengua siríaca, y que sólo puede percibirse mediante la consecución de ciertos estados espirituales.

Los misterios de las sociedades iniciáticas de la Antigüedad perpetuaron las primeras tradiciones de la raza humana y las nuevas realizaciones de los cuerpos eruditos para elevar, por encima de sus pares, a los iniciados considerados capaces de hacer un uso útil para todos. Esta enseñanza les fue dada de boca en boca después de haberse comprometido, mediante un juramento amenazador, a transmitirla sólo a otros iniciados bajo las mismas formas y condiciones. Se dice que eran poseedores de formidables y beneficiosos secretos científicos por los que su alta moral exigía respeto. Sin embargo, desviados de su acción benéfica, estos secretos probablemente se transformarían con fines malignos. Los iniciados fallecían, llevándose consigo a la muerte los secretos que les habían sido confiados ; Las iniciaciones fueron interrumpidas. Así, los secretos de los ritos iniciáticos para la intromisión de los faraones, verdaderos misterios del linaje real de Egipto, se perdieron definitivamente con la muerte del rey Sekenenrê Taâ, que murió sin haberlos revelado a su enemigo que quería arrebatárselos. .

La mayoría de los jeroglíficos egipcios, relatados por el ritual de Misraïm a partir de las obras del maestro de 1820, presentan seres animados, a veces formados por partes pertenecientes a seres que se parecen poco en sus formas externas y en sus inclinaciones; las combinaciones numéricas y geométricas en su resultado eran jeroglíficas; los números 3, 4, 7, 9 y el generador Uno eran emblemas respetados. Esta Tradición secreta fue transmitida por los sabios de Caldea a los egipcios, luego a Moisés y hasta Salomón. Tras una indiscreción, se acordó que los antiguos jeroglíficos serían sustituidos por figuras de instrumentos específicos de la construcción material.
.

El secreto se denomina "real" por su origen divino pasando por quien en los tres órdenes iniciáticos tiene la responsabilidad de disponer el espacio: el rey. Se trata, pues, de la versión tradicional del Rey constructor que posee el secreto real siguiendo la enseñanza recibida de su predecesor y vinculado a lo divino por la coronación realizada por la iglesia y por la corona. David poseía, mediante la entrega de los planos que le había dado el ETERNO , el secreto que iniciaba la construcción del Templo, casa de lo divino, pero fue Salomón, heredando los planos, quien lo construyó delegando parte de la obra y el sitio de construcción a Hiram. En su muerte alegórica se perdió el secreto.

La destrucción de la biblioteca de Alejandría, creada por Ptolomeo Sóter cuatro siglos antes de Cristo (cuyos seiscientos mil volúmenes fueron destruidos en tres incendios consecutivos), los incendios de la Inquisición y los tiranos son palabras perdidas de la ciencia y de la historia. Los elevados conocimientos filosóficos, morales o científicos transmitidos oralmente o registrados por escrito cuyos manuscritos fueron destruidos son también una palabra perdida.

La verdad socrática, por perdida que esté, se puede encontrar. Según la tesis de Platón (haciendo hablar a Sócrates), el hombre conoció la verdad antes de su encarnación en el mundo sensible, cuando el alma aún no estaba prisionera del cuerpo, cuando se encontraba en el mundo de las Ideas. El trabajo de recuerdo, anamnesis, es la búsqueda de una verdad ya conocida yendo más allá de lo sensible para acceder a la inteligencia de la (verdadera) idea perdida y olvidada. Este retorno al reconocimiento queda ilustrado por la salida de la cueva. Esta estructura ternaria de la teoría de Platón (conocimiento - olvido o caída - reconocimiento o renacimiento o resurrección) fundó una posteridad metafísica que perdura, particularmente en el pensamiento cristiano pero también en la alegoría de la palabra perdida del maestro.

Para el cabalista Isaac Louria y su discípulo Hayyim Vital, el pecado de Israel fue "el olvido progresivo de la tradición esotérica". Para René Guénon: "Difícilmente existen en el mundo occidental organizaciones iniciáticas que puedan reclamar un linaje auténtico aparte del Compañerismo y la Masonería, dos iniciaciones artesanales. Las demás iniciaciones, sacerdotal, real, hermética, alquímica y caballeresca, han desaparecido por completo o están confinadas en ambientes tan secretos o restringidos que resultan casi inaccesibles fuera de lo que ha sobrevivido en la masonería.

La palabra perdida sería el sustrato de la sabiduría original. La masonería ha conservado la memoria de esto, pero de manera sutil y sus miembros esperan, de una iniciación a otra, poder volver a la sabiduría fundamental que se supone les será revelada al final de su iniciación final. .

La palabra sagrada de los hebreos, YHVH, encuentra cierta similitud entre los Misterios egipcios donde es el órgano generativo el que se pierde y se hace un sustituto, y la Masonería donde es la palabra que se pierde y se da un sustituto en su lugar. .

En verdad, sólo se pierde la expresión de la palabra. Como la verdad platónica, está siempre en el mundo de las ideas, su búsqueda es una búsqueda como palabra oculta. Es en piedras, pinturas, pergaminos o alfabetos y lenguas, en su conservación, bajo este camuflaje, como se han transmitido las enseñanzas esotéricas a través del tiempo.

La expresión "Palabra Perdida" aparece por primera vez en el Ritual de Iniciación en el 4° grado de la REAA. Tenga en cuenta que nunca se usa solo y que acompaña a las palabras verdad y luz: cuando el neófito regresa a la logia con los ojos vendados para confirmar su juramento, se le presenta de la siguiente manera: "Venerable Maestro, este es el neófito acompañado por el experto. hermano, que busca la Verdad y la Luz. O: "¿Qué buscabas -en tus viajes ? - La Verdad y la Palabra Perdida" El ritual explica: "también deploramos la pérdida de la verdadera palabra de la que ahora estamos privados... Todavía os faltan muchos grados por subir antes de acercaros a la Luz Verdadera y descubrir la Palabra que sólo conocemos. los iniciados. La palabra perdida se presenta así como accesible.

La búsqueda de la Palabra perdida, a menudo mencionada, es la de la primera revelación. El simbolismo de la lengua primordial es otro sinónimo. Según la tradición musulmana, es la lengua siríaca o solar, expresión transparente de la luz recibida en el centro espiritual primordial. Es significativo que los animales entendieran el lenguaje celestial. La introducción chamánica al lenguaje de los animales es un símbolo del regreso al estado edénico. Más precisamente, este lenguaje es a veces el de los pájaros. Sin embargo, la lengua de los pájaros es una lengua celestial o angelical, simbólicamente análoga a la lengua siríaca, y que sólo puede percibirse mediante la consecución de ciertos estados espirituales.
Los misterios de las sociedades iniciáticas de la Antigüedad perpetuaron las primeras tradiciones de la raza humana y las nuevas realizaciones de los cuerpos eruditos para elevar, por encima de sus pares, a los

iniciados considerados capaces de hacer un uso útil para todos. Esta enseñanza les fue dada de boca en boca después de haberse comprometido, mediante un juramento amenazador, a transmitirla sólo a otros iniciados bajo las mismas formas y condiciones. Se dice que eran poseedores de formidables y beneficiosos secretos científicos por los que su alta moral exigía respeto. Los iniciados fallecían, llevándose consigo a la muerte los secretos que les habían sido confiados ; Las iniciaciones fueron interrumpidas. Así, los secretos de los ritos iniciáticos para la intromisión de los faraones, verdaderos misterios del linaje real de Egipto, se perdieron definitivamente con la muerte del rey Sekenenrê Taâ, que murió sin haberlos revelado a su enemigo que quería arrebatárselos. .

El secreto se llama "real" por su origen divino pasando por el rey, quien en los tres órdenes iniciáticos tiene la responsabilidad de disponer el espacio; es el Rey-constructor quien guarda el secreto siguiendo la enseñanza recibida de su predecesor, está vinculado a lo divino a través de su coronación. Al entregarle los planos del ETERNO , David habría guardado el secreto de iniciar la construcción del Templo, casa de lo divino, pero fue Salomón, heredando los planos, quien lo construyó delegando parte de la obra y el sitio de construcción a Hiram. En su muerte alegórica se perdió el secreto.

La destrucción de la biblioteca de Alejandría, creada por Ptolomeo Sóter cuatro siglos antes de Cristo (cuyos seiscientos mil volúmenes fueron destruidos en tres incendios consecutivos), los incendios de la Inquisición y los tiranos son palabras perdidas de la ciencia y de la historia. El alto conocimiento filosófico, moral o científico transmitido oralmente o registrado por escrito fue destruido, es también una palabra perdida.

Según la tesis de Platón (haciendo hablar a Sócrates), el hombre conoció la verdad antes de su encarnación en el mundo sensible, cuando el alma aún no estaba prisionera del cuerpo, cuando se encontraba en el mundo de las Ideas. El trabajo de recuerdo, anamnesis, es la búsqueda de una verdad ya conocida yendo más allá de lo sensible para acceder a la inteligencia de la (verdadera) idea perdida y olvidada. Este retorno al reconocimiento queda ilustrado por la salida de la cueva. Esta estructura ternaria de la teoría de Platón (conocimiento - olvido o caída - reconocimiento o renacimiento o resurrección) fundó una posteridad metafísica que perdura, particularmente en el pensamiento cristiano pero también en la alegoría de la palabra perdida del maestro.

La Palabra, con el mito de pérdida, reemplazo y restauración que la acompaña, se convierte en un símbolo del progreso personal del candidato desde su primera iniciación hasta el final de su curso, cuando recibe un pleno desarrollo de los misterios.

¿Cuál puede ser la palabra perdida?

Un hombre muere negándose a revelar una contraseña banal para cobrar, conocida por todos los maestros, y un secreto que, además, guardaba desaparece. Por tanto, el secreto no es la contraseña. Entonces, ¿es este conocimiento el que sólo él posee ? ¿Es parte de una palabra para pronunciarla con otras para que sea completa y eficiente? ¿La palabra de Hiram sería otra cosa que la de un solo hombre? ¿Qué pueden significar estas palabras para el masón de hoy? No olvidemos que la palabra Hiram lleva en sí misterios y entre sus múltiples traducciones del hebreo, también puede leerse como *HaReM* que designa lo *oculto* .

¿Conocimiento personal? ¿Cuál sería este conocimiento?

~   En el Rito de York, a la muerte de Hiram, se dice: "No hay planes en la mesa de dibujo para permitir a los trabajadores continuar su trabajo, y el G∴ METRO∴ H∴ TIENE∴ ha desaparecido". En el tablero, el director del proyecto modifica el plano según el cual se debe realizar la construcción del Templo. Este tablero sirve permanentemente como punto de referencia para los trabajos que se irán realizando a medida que avance la obra. Cuando finalice el trabajo, debe superponerse exactamente con el contorno del tablero. La concepción teológica del arte de la construcción se puede resumir en una búsqueda de la perfecta mediación entre la belleza pura que sólo pertenece a Dios y el espejo que el arquitecto debe ofrecerle, a través de su obra, para que se revele a los hombres. Se trataba de trabajar sobre la materia para dejarla penetrar por la energía universal para que esta armonía pudiera transmitirse a los hombres. Concretamente, ¿lo que se perdió fue esa **capacidad arquitectónica para diseñar el edificio** y completar la obra?

~   Pero vayamos más allá. Hiram, fue enviado por el rey de Tiro a Salomón por sus conocimientos tan especiales como los que poseía Bezaléel, el constructor del Arca de la Alianza en el desierto: era experto en trabajos de oro, plata, bronce y hierro, en piedra y en madera, en telas teñidas de púrpura y azul, en telas de biso y carmín, y para toda clase de esculturas y objetos de arte que le eran dados para ejecutar (II Crónicas, 2, 13 y 14).

~   Es gracias a 3 virtudes que el primer templo fue construido por Bezaléel porque está escrito en Éxodo 31.3: "Yo [dios] lo llené del espíritu de Elohim en sabiduría, en entendimiento y en conocimiento", virtudes que encontramos en Hiram. en I Reyes 7, 14 "llenos de sabiduría, de inteligencia y de ciencia".

~   Las tres virtudes, conceptos, atributos divinos, tipos de fuerzas, niveles de conciencia, procesos que funcionan en las estructuras vivas, los 3 sephiroth retenidos son: Hokhmah, sabiduría, (heith, kaph, mem, je, es decir, 8 +20+40+ 5=67); Tébouna, alias Binah, inteligencia (tav, beith, vav, sustantivo, hey, es decir, 400+2+6+50+5=463); Daath, conocimiento, conocimiento (daleth, eïn, tav, es decir, 4+70+400=474). Sumando estas virtudes obtenemos 67+463+474=1004, o en valor reducido 5, lo mismo que el de la suma de la presencia divina (shekhina, שכינה, 300+20+10+50+5=385) y de el Templo sagrado , el mishkan, (משכן, 40+300+20+700=1060) que equivale a 385+1060=1445, en valor reducido 5. Hokhmah   , sabiduría; **Tébouna** (alias Binah), inteligencia; **Daath** , conocimiento, conocimiento.

~ La suma de sus valores gemátricos, después de la reducción, equivale a lo que conecta las 2 columnas Yakin y Boaz que Hiram derritió. **¿Será la palabra perdida el espíritu de Elohim, esa capacidad creadora,** como la del Maharal de Praga con su Golem, de la que habría sido dotado Hiram?

~ ¿Conocimiento de los poderes de un animal fabuloso, el shamir?

~ ¿El intercambio de conocimientos?

~ ¿Y si "palabra" fuera un conjunto de elementos distribuidos entre varios poseedores cuyo desconocimiento de uno solo redundaría en la ineficacia del conjunto? ¡Un fragmento de código, en resumen, un fragmento de símbolo!

~ En efecto, en la leyenda, tres personas forman un triángulo: Salomón, rey de Tiro, e Hiram, los tres grandes maestros, cada uno de ellos asignado a un papel particular e indispensable en la construcción del Templo. La leyenda dice que el rey *Salomón* , *Hiram Abif* , rey de Tiro (1 Reyes: 7:13), e *Hiram Abi* de la tribu de Dan (2 Cr.: 2:13) se reunieron para diseñar los planos para la construcción del Templo; Salomón diseñó, Hiram de Tiro proporcionó los medios e Hiram llevó a cabo la obra. Nos enteramos de que estas tres personas debían conservar el gran conocimiento hasta que se completara el Templo. ¿Se les habría confiado la palabra en tres partes? Cada miembro del ternario tendría la palabra sagrada o una fracción de ella. Se necesitaba la asistencia de los "tres primeros Grandes Maestros", de modo que la ausencia o desaparición de uno solo de ellos hacía imposible esta comunicación, y esto también necesariamente porque son necesarios tres lados para formar un triángulo. Esto significa que cada miembro del triángulo constituye el punto de una figura con un centro común. Este centro es el punto de concordancia de las tres sensibilidades mágicas, espirituales y racionales que encarnan. Este centro es, por tanto, la esencia del hombre y de la naturaleza, es decir, la esencia de la vida que se traduce concretamente en fuerza vital o impulso vital.

~ ¿Cómo es que, sabiendo que la palabra sólo podría ser a través del encuentro de los 3 (el Rey Salomón, el Rey de Tiro e Hiram), cómo es que ninguno de ellos pensó en transmitir su propio conocimiento a un discípulo para que el ¿La cadena no se rompe si desapareces? ¿Era creerse inmortal?

¿Un conocimiento primordial?

Todas las tradiciones hablan de una época feliz en la que los seres pensantes, en paz e inocencia, vivían en el seno de la verdad. En esta época, en la que ningún velo cubría la realidad, una palabra universal penetró uniformemente en todos los niveles de la inteligencia. La búsqueda de la Palabra perdida, a menudo mencionada, es la de la primera revelación. El simbolismo de la lengua primordial es otro sinónimo. Según la tradición musulmana, es la lengua siríaca o solar, expresión transparente de la luz recibida en el centro espiritual primordial. Es significativo que los animales entendieran el lenguaje celestial.

La introducción chamánica al lenguaje de los animales es, por el contrario, un símbolo del retorno al estado edénico. Más precisamente, este lenguaje es a veces el de los pájaros. Sin embargo, la lengua de los pájaros es una lengua celestial o angelical, simbólicamente análoga a la lengua siríaca, y que sólo puede percibirse mediante la consecución de ciertos estados espirituales.

¿Una pronunciación "activa"?

Los exégetas rituales equiparan la **pronunciación del Tetragrámaton** con la "palabra perdida".

Tenía que ser trisilábico. La sílaba es el elemento verdaderamente indescomponible de la palabra hablada, aunque esté escrita naturalmente en cuatro letras. De hecho, cuatro (4) aquí se relacionan con el aspecto "sustancial" del habla y 3 con su aspecto "esencial". Cabe señalar también que la propia palabra sustituida, en su pronunciación ritual, en sus diferentes formas, siempre está compuesta por tres sílabas que se pronuncian por separado. Encontramos en *El Verdadero Catecismo de los Hermanos Masones escrito según el misterioso código aprobado por todas las logias justas y regulares* un largo desarrollo, mediante preguntas/respuestas que explican lo que se entiende por la palabra perdida, la verdadera pronunciación de lo 'eterno y su palabras sustituidas.[73]

Considerando que entre los hebreos, el sumo sacerdote, el *Cohen Gadol,* era el único poseedor de la *recta dictio* y de

---

[73]Para descubrir desde la página 52 del Rituel de Luquet: <tinyurl.com/Rituel-de-Luquet>.

la pronunciación total de la palabra sagrada que vocalizaba una vez al año en el lugar santísimo, esto podría significar que **la palabra no era perdido** y que si Salomón la sustituyó fue porque pensó que su maestro constructor había cedido a la presión de sus atacantes al revelarla: era por tanto necesario **cambiar esta palabra** . Esto es también lo que sugiere el ritual de Misraïm: *el rey Salomón, que temía que el maestro, en medio del dolor de la agonía y esperando escapar de la muerte, hubiera dejado escapar las palabras y los signos de dominio ...*

Según la tradición cabalística, el modo adecuado de vocalización o pronunciación del nombre divino era un secreto celosamente guardado reservado para el Lugar Santísimo dentro del recinto del templo de Jerusalén. Debido al segundo asedio de Jerusalén por parte de Nabucodonosor en el año 586 a.C. (que terminó con la destrucción del Templo de Salomón y el comienzo de lo que se ha llamado "el cautiverio babilónico de los judíos" que duraría hasta el 538 a.C.), el sumo sacerdote no Ya no tenía la oportunidad de pronunciar el nombre de Dios. Así, la correcta pronunciación del Santo Nombre cayó en el olvido. Posteriormente, el nombre "Adonai" fue sustituido por el de "Jehová" en la lectura de la Ley y este nombre fue escrito con las vocales del nombre antiguo [74]. En este mismo registro notaremos que durante la destrucción del Templo de Jerusalén y la dispersión del pueblo judío, se perdió la verdadera pronunciación del Nombre tetragramático; efectivamente hubo un nombre sustituido, el de Adonai, pero nunca

---

[74] Henrik Bogdan , *La influencia cabalística en el desarrollo del grado de Maestro en Masonería* , Cahiers du Gremme n°1: <tinyurl.com/influence-kabbalistique>.

fue considerado como el equivalente real del que ya no sabíamos pronunciar. En efecto, la transmisión regular de la pronunciación exacta del principal nombre divino, designado como *ha-Shem* o Nombre por excelencia, estaba esencialmente ligada a la continuación del sacerdocio cuyas funciones sólo podían ejercerse en el Templo de Jerusalén ; **¿Podría ser el centro espiritual de la tradición que se perdió?**

El grado de Arco Real cuenta: con una búsqueda sistemática encontraron, cerca del lugar donde encontraron el gran triángulo, un trozo de mármol en el que estaban grabados ciertos jeroglíficos de los que se apoderaron y que llevaron a Salomón. Salomón envió algunos sacerdotes eruditos que descifraron estos caracteres y comprobaron que se trataba de las ruinas del templo de Enoc, construcción antes del diluvio que había arrasado con todo excepto estas nueve bóvedas. Según la leyenda, el sumo sacerdote examinó los caracteres del pedestal dorado y descubrió que eran el nombre inexpresable de Dios. Los Jeroglíficos representan la manera de pronunciar el nombre del Altísimo, y fueron compuestos por Enoc, en memoria del momento en que había recibido iniciación en ciertos secretos del significado de las tres letras místicas. Este nombre se perdió y ahora se encontró. Entonces el sumo sacerdote les explicó que se había cumplido la promesa de Dios a Noé, a Moisés y a David, de revelar el nombre de Dios sobre un pedestal de oro. Pero que estaba prohibido escribirlo, que sólo se permitía marcarlo en letras para su consuelo, pero que bajo ninguna circunstancia debía pronunciarse ni hablarse. El sumo sacerdote marcó un código para cifrar este nombre. Este código era tan complejo que la lógica por sí sola no era suficiente. El sumo sacerdote empleaba un sistema de desplazamiento de cada letra según una serie de números sucesivos. Parte de la clave del número ha sido indicada en dos de las tres sagradas escrituras. Las tres escrituras sagradas fueron elaboradas por Hiram Abif, quien las hizo de acuerdo con la predicción original dada por el sumo sacerdote. Las sagradas escrituras eran inscripciones rodantes. Sólo el sumo sacerdote y su ayudante conocían los mensajes secretos que contenían. Además, el sumo sacerdote ordenó a Hiram Abif que grabara cinco escritos diferentes. Se suponía que los escritos debían estar insertados en la pared del Lugar Santísimo (*Sanctum Sanctorium*). Se dice que el rey Salomón estableció un pasaje subterráneo secreto que conducía desde sus aposentos apartados al templo de Enoc, que permaneció dividido en nueve bóvedas separadas como antes. La novena bóveda debía ser el lugar para depositar los originales de todas las cosas contenidas en copia en el *Sanctum Sanctorum* , como el arca de la alianza, una vasija de maná, la vara de Aarón, el libro de la ley, y el triángulo sagrado de Enoc, que fue enterrado en el mismo lugar. Luego, la gente usó otro nombre para Dios. Algunos estudiantes judíos, ansiosos por conocer la naturaleza y pronunciación del santo nombre, conspiraron y recurrieron a la violencia contra el arquitecto jefe Hiram Abif para saber el lugar donde se esconde el tesoro, los matones lo golpearon con un golpe en la frente, que puso él sin vida a sus pies. Después de este evento, el sumo sacerdote cerró el paso.

Los iniciadores de la tradición masónica, que conocían la búsqueda del Zohar (Los antiguos cabalistas cristianos del Renacimiento sostenían que la búsqueda de un nombre perdido en la tradición del Zohar no era otra cosa que la búsqueda de un camino para encontrar a Cristo. Una exposición titulada *El gran misterio abierto* , publicada en 1726, ya contenía referencias a la Cabalá: ¿ *Tienen algún nombre los seis signos espirituales? Sí, pero no se revelan a ningún nuevo Miembro admitido, ¿porque son Cabalísticos* ?), incorporaron el tema de la búsqueda de algo perdido (en este caso, la Palabra del Maestro) para representar la búsqueda de Cristo. Para Arthur Edward Waite (cf. *Verbum Christus Est*), la Palabra Maestra perdida es "Cristo" . Según la tradición cabalística cristiana, el nombre de Dios esconde el nombre secreto de Jesús. Al incluir el carácter hebreo ש (Shin que por su forma se considera que alude a la Trinidad) en el nombre de Dios, Yod He Vau He, aparece el nombre de Jesús, YHSVH, Yeheshuah o Jeheshua. Pic de la Mirandola y Johannes Reuchlin atribuyeron poderes considerables al Pentagramaton (IHSVH), que representaba para ellos el Sagrado Nombre Cristiano, así como el Tetragramaton (IHVH) era el nombre sagrado de los judíos. Este nombre contenía poder y fuerza sobre todas las cosas y se creía que permitía a los cabalistas realizar trabajos extraordinarios más allá de la fuerza humana y ejercer dominio sobre la naturaleza.

Los misterios de las sociedades iniciáticas de la Antigüedad perpetuaron las primeras tradiciones de la raza humana y las nuevas realizaciones de los cuerpos eruditos para elevar, por encima de sus pares, a los iniciados considerados capaces de hacer un uso útil para todos. Esta enseñanza les fue dada de boca en boca después de haberse comprometido, mediante un juramento amenazador, a transmitirla sólo a otros iniciados bajo las mismas formas y condiciones. Se dice que eran poseedores de **formidables y benéficos**

secretos científicos, por los cuales su alta moralidad exigía respeto , pero susceptibles, al ser desviados de su acción benéfica, de ser transformados para un mal fin. Las iniciaciones fueron interrumpidas; Los iniciados fallecieron, llevándose consigo a la muerte los secretos que se les habían confiado. Los secretos de los ritos iniciáticos para la intromisión de los faraones, verdaderos misterios del linaje real de Egipto, se perdieron definitivamente con la muerte del rey Sékenenrê Taâ, que murió sin haberlos revelado a su enemigo que quería arrebatárselos.

En algunos casos, en lugar de la pérdida de una lengua, sólo se habla de la pérdida de una palabra, como un nombre divino por ejemplo, que caracteriza una determinada tradición y la representa de algún modo sintéticamente; y la sustitución de un nuevo nombre marcará entonces **la transición de una tradición a otra** . A veces también se hace mención de "pérdidas" parciales que han ocurrido, en ciertos períodos críticos, durante la existencia de la misma forma tradicional: cuando fueron reparadas mediante la sustitución de algún equivalente, significan que una rehabilitación de la tradición en cuestión fue entonces necesario por las circunstancias; de lo contrario, indican una disminución más o menos grave de esta tradición que no puede remediarse posteriormente [75].

La mayoría de los jeroglíficos egipcios, como nos cuenta el ritual Misraïm de la obra del maestro de 1820,

---

[75] *La muerte de Hiram y la Palabra perdida* de René Guénon: <tinyurl.com/hiram-et-la-parole-perdue>.

presentaban seres animados formados a veces por partes pertenecientes a seres fuertes con poco parecido en sus formas externas y en sus inclinaciones; las combinaciones numéricas y geométricas en su resultado eran jeroglíficas; los números 3, 4, 7, 9 y el generador Uno eran emblemas respetados. Esta Tradición secreta fue transmitida por los sabios de Caldea a los egipcios, luego a Moisés y hasta Salomón. Tras una indiscreción, se acordó que los antiguos jeroglíficos serían sustituidos por figuras de instrumentos específicos de la construcción material.

¿Cuál puede ser la palabra perdida para un masón hoy?

Las observaciones que acabamos de hacer muestran que la palabra perdida sería conocimiento, pronunciación, conocimiento espiritual o mágico o incluso la huella del paso de una tradición a otra. La palabra perdida del masón me parece un poco diferente. No podemos cometer el error de los malos compañeros que creían que el secreto del maestro albañil era la comunicación del conocimiento; nuestra investigación es muy diferente ya que se sitúa en el nivel del Conocimiento, el del ser y lo espiritual, de la inmanencia y la trascendencia.
En el exoterismo judaico, la palabra que sustituye al Tetragrámaton que ya no sabemos pronunciar es otro nombre divino, *Adonai* , que también está formado por cuatro letras, pero que se considera menos esencial; hay algo ahí que implica que nos resignamos a una pérdida considerada irreparable y que sólo buscamos remediarla en la medida en que las condiciones actuales aún lo permitan. En la iniciación masónica, por el contrario, la "palabra sustituida" es una cuestión que abre la

posibilidad de encontrar la "palabra perdida", por lo tanto de restablecer el estado anterior a esta pérdida (emulación del rito).

V.- (1º S.) ¿Qué entonces se pierde? siglo I. _ - Los verdaderos secretos de MM. MM.

V.- (en el S. II) ¿Cómo se perdieron? 2º S.- Por la muerte prematura de nuestro MHAV.

V.- (1º S.) ¿Dónde esperas encontrarlos? 1º S.- En el Centro

V.- (en el S. II) ¿qué es el Centro? 2º S.- Un punto dentro de un círculo que está a igual distancia de todas las partes de la circunferencia

V.- (al 1º S.) ¿Por qué en el centro? 1º S.- Porque aquí es el punto donde el MM no puede fallar.

V.- Le ayudaremos a reparar esta pérdida.

"La historia mítica de la Masonería nos enseña que alguna vez existió una PALABRA de valor superior y que reclamaba una profunda veneración; que esta Palabra era conocida sólo por unos pocos; que finalmente estaba perdido; y que se ha adoptado un sustituto temporal. Pero como la misma filosofía de la Masonería nos enseña que no puede haber muerte sin resurrección, - ni descomposición sin posterior restauración -, según el mismo principio, se sigue que la pérdida de la Palabra debe suponer posible su recuperación".[76]

En su búsqueda iniciática, el hombre busca la palabra perdida, porque encontrar esta palabra, en este caso el Nombre incomunicable IEOVAH, fuerza activa de la

---

[76]Mackey, *El simbolismo de la masonería, ilustrando y explicando su ciencia y filosofía, sus leyendas, mitos y símbolos,* capítulo XXXI, en francés: <tinyurl.com/la-parole-perdue>.

Antigua Alianza, es reunificar y armonizar en sí mismo todas las potencialidades, todas las manifestaciones de todos los niveles de ser: físico, psíquico y espiritual. Es reconstruir, "reuniendo lo que está disperso", al hombre total; es la reedificación mística del templo interior (el santuario del Corazón) al que podrá descender el Verbo, cuyo Nombre es IEOCHOUAH (ya que se ha hecho "virgen" a través de las diversas purificaciones). (Jean-Baptiste Willermoz , *Templo y búsqueda iniciática*)

Encontrar la Palabra perdida es cubrirse del poder del Eterno, avanzar hacia la unificación e identificación entre la luz interior (la que brilla en nuestras tinieblas) y la luz exterior universal. A través del Nombre, Dios se revela al hombre.

La palabra perdida resalta la necesidad de una nueva percepción y un nuevo lenguaje relacionado con la noción de esencia y presencia más allá de la forma.
No debe entenderse únicamente como una pérdida en la transmisión, sino como el comienzo del aprendizaje de otros elementos del lenguaje.

Nos quedamos preguntándonos cómo encontrar esta palabra o cómo sustituirla por otra del mismo poder.

La palabra sustituida

La masonería es una reflexión sobre el significado de una palabra perdida, metaforizada a nivel físico por la ocultación del cuerpo de Hiram, que es sustituido por cualquier aspirante al rango de maestro.

La tradición nos asegura que los hombres hablaban una única lengua sagrada antes de la construcción de la Torre de Babel, causa de su perversión y, para la mayoría, del olvido total de este idioma sagrado. La historia de la Torre de Babel sugiere que había un poder de verdad en un único lenguaje primitivo caracterizado por una perfecta correspondencia entre palabras y cosas. Pero la pérdida de esta lengua y su sustitución por una multiplicidad de lenguas vernáculas protege ahora estas verdades de las que el hombre se encuentra aislado.

El relato bíblico revela numerosas palabras sustituidas como las tablas originales de la ley escritas por la mano de Dios, dadas a Moisés, pero que son destruidas y sustituidas por las conocidas como Decálogo que son grabadas por Moisés (Éxodo; 34, 27 y 28).).
Existe una sorprendente analogía entre el hecho de sustituir, en la tradición hebrea, el tetragrama impronunciable YHVH por los nombres de Adonai, o de Elohim, o de evocarlo por el término Hashem (el Nombre) y el hecho de sustituir, en la tradición hebrea, el tetragrama impronunciable YHVH por los nombres de Adonai, o de Elohim, o de evocarlo por el término Hashem (el Nombre). Tradición masónica, a la antigua palabra YHVH, la palabra sagrada cuyas iniciales son M y B.

¿Cómo podría una palabra hablada sustituir lo impronunciable aunque sólo fuera considerándolo como un símbolo que seguirá acechando enigmáticamente el significado que hay que buscar?

Otra palabra sustituida, en francés, da lugar a la exclamación de la palabra horror, cuando se descubre el cuerpo, que algunos traducen como: ¡ah! ¡Señor Dios mío! En el Rito de York se dice que cuando no se puede hacer el signo de angustia, es posible sustituirlo por una palabra pidiendo ayuda: "¡Oh! Señor Dios mío, ¿no hay ayuda para el hijo de la viuda? La señal y las palabras nunca deben darse juntas.

En la simetría del silencio que Hiram opone a sus atacantes, protegiendo así su secreto, se revela al maestro una palabra sustituta que le interroga sobre el significado ontológico y metafísico del silencio y de la palabra. Esta palabra refundadora es un laberinto que extravía y, sin embargo, conduce hacia la búsqueda de esta palabra perdida. Esta búsqueda de la Verdad, representada por Platón bajo la alegoría de la salida de la caverna, se realiza retrocediendo del sentido a la plenitud del sentido. Si la perfección estuvo ahí desde el principio, es hacia este origen hacia donde el maestro debe tender para encontrar la esencia de las cosas.

Si restablecemos la forma correcta de las palabras sustituidas del título de maestría, vemos, dice René Guénon, que "estas palabras, en realidad, no son más que una pregunta, y la respuesta a esta pregunta sería la verdadera palabra sagrada o la palabra perdida misma, es decir el verdadero nombre del Gran Arquitecto del Universo. Si la Palabra perdida es similar a uno de los nombres de GADLU (entendido como la Divinidad creadora y organizadora), el trabajo de investigación debe girar en torno al Nombre, la Esencia y el Ser.

La sustitución de la palabra perdida por la palabra sagrada, sustitución del cuerpo por el espíritu, establece el valor iniciático del 3er ^{grado}. El habla audible sería sólo la parte inferior del significado; el iniciado debe descubrir la parte celestial, sutil o volátil (¡y por tanto no verbal!). La sustitución se refiere a algo más allá, a algo invisible. Para alcanzar el significado hay que referirse a algo más allá que pertenece al espíritu o que es sólo espíritu. El significado es, por tanto, lo que reemplaza una realidad invisible o sagrada. Desde las aguas inferiores debemos ascender a las aguas superiores. Como la propia filosofía de la masonería nos enseña que no puede haber muerte sin resurrección -ni decadencia sin restauración posterior- según el mismo principio, se deduce que la pérdida de la Palabra debe presuponer su eventual restauración [77].

El nuevo maestro es el reemplazo vivo del difunto maestro Hiram. Esta sustitución tiene el valor de materializar la ausencia.

Pero es sólo un eslabón en una larga serie de sustituciones sucesivas en la progresión iniciática: el paso de un grado a otro nos permite descubrir, a través de la sustitución de nuevos símbolos por otros, que es precisamente a través del juego de sustituciones sucesivas de señales de que emerge el significado [78].

La historia de la Masonería da testimonio de una frenética empresa de creación de Altos Grados en busca

---

[77] Mackey, *Enciclopedia de la masonería y sus ciencias afines* , au mot *Lost word* , p.1113: <tinyurl.com/Mackey-lost-word>.

[78] Christophe Vallée. Para leer su artículo completo sobre el tema de la sustitución: <tinyurl.com/la-substitution>.

de la Palabra perdida. ¿Los autores de la leyenda fundacional la construyeron deliberadamente como una historia abierta o simplemente la dejaron inconclusa? pregunta Roger Dáchez.

Un lenguaje apologético, metafórico, alegórico o simbólico deja lugar a múltiples interpretaciones y se opone a las palabras fijas, a un significado fijo. Como dice Marc-Alain Ouaknin, los siete colores del arco iris obstruyen el color blanco de la ideología.

12 LA PALABRA QUE NO SE PUEDE PRONUNCIAR, EL TETRAGRÁMATON

A un discípulo que le había pedido, tres veces, que le hablara sobre Advaita, el sabio Yàdnavalkya respondió que la mejor descripción de Advaita era el silencio, siendo toda descripción *dvaita* (dualidad). De hecho, si intentamos definir lo Absoluto, usaremos expresiones finitas y antinómicas, porque no podemos concebir ninguna otra. Por tanto, toda expresión es inadecuada para lo Absoluto, que está por encima y más allá de lo finito, de toda antinomia y de toda palabra. Strada se contentó, con razón, con llamarlo *Superantinómico* o *Preantinómico, es decir,* por encima o antes de toda antinomia, por encima o antes de toda creación, fuera de toda contingencia, de toda relatividad. Incluso está mal que intentemos nombrarlo, porque darle un nombre es particularizarlo, personalizarlo, oponerlo así a todo lo que tiene nombre, es decir a otros seres.

Es por haber ignorado esta verdad que tantos filósofos y teólogos, creyendo estar definiendo el Absoluto, el Dios no manifiesto, en realidad han definido o intentado definir sólo al Creador, la causa primera.
Este es el Padre de los cristianos, Brahman o Brahmâ, la primera sephirah de los cabalistas, la Corona, el Anciano o el Gran Rostro.

Pronunciar este Nombre en vano era un delito capital según la ley judía. Para los judíos, este nombre, (cuya vocalización, si alguna vez existió o fue pronunciada sólo por el sumo sacerdote del templo de Jerusalén, se desconoce), no debe ser vocalizada bajo el tercer mandamiento, traducido como: "no pronunciarás el nombre de YHWH en vano…", porque es este nombre sagrado el que residía en el santuario del Templo y no YHWH mismo (Deuteronomio 12; I Reyes,8,27: pero ¿en verdad residiría Dios en la tierra? Mientras ¡El cielo y todos los cielos no os pueden contener, y mucho menos esta casa que acabo de construir! Y yo Reyes, 29: estén abiertos vuestros ojos noche y día sobre esta casa, en aquel lugar de la cual dijiste: Mi nombre reinará allí.). Así, siempre se utiliza una palabra sustituta para pronunciarlo.

Según Thomas Römer, cuando los reyes de Israel decidieron venerar a otro Baal, el de Fenicia (actual Líbano), hubo descontento y resistencia: lo que probablemente indica que Yahvé también era una especie de Baal, es decir un dios de la fertilidad y la tormenta. (Es un dios guerrero, que corresponde al Set de los egipcios como Baal del norte de Levante, un dios que protege a los suyos mediante la guerra). También se le representa como un personaje que domestica animales salvajes, a menudo avestruces. Si Yahvé es domador de avestruces, esto significa que controla la naturaleza, lo cual es importante para un pueblo nómada:[79]

---

[79] *El seguimiento de un teólogo suizo para conocer el origen de Dios* : <tinyurl.com/connaitre-lorigine-dieu>.

Para obtener un resumen bien pensado, consulte también *El reino de los hebreos, civilizaciones antiguas,* un estudio de arcanos de Ludovic Richer [80].

Una de las representaciones del dios de los israelitas, cuya esencia es inaccesible, el tetragrámaton יהוה o tetragrámaton, YHWH, es un nombre hebreo formado por las cuatro letras hebreas (*yod* , *ey* , *waw* , *ey)* que encontramos escritas bajo la forma YHVH, YHWH o JHWH. La permutación de las letras de esta palabra permite la aparición del ser hablante (fue, es y será).

El tetragrámaton se utiliza 1820 veces en el Pentateuco y 6499 veces en el Antiguo Testamento. Este nombre, con el que el Dios de los hebreos se llama Moisés, "Seré lo que seré", es traducido por Marc Alain Ouaknin como: "Seré quien siga diciendo constantemente que seré". Esto le da al tetragrama un significado que es a la vez ontológico para los humanos, que son sólo seres potenciales, y cosmológico para el universo en expansión. Nótese que Plutarco, en su tratado sobre Isis y Osiris, nos dice que, mucho antes de Moisés, "en la ciudad de Sais, antigua capital del reino del mismo nombre, situada en el centro del Delta, ciudad famosa por su riqueza , sus templos y sus palacios, se colocó una estatua de Isis en el frontón de un santuario venerado. Debajo estaba grabada esta inscripción: Yo soy todo lo que ha sido, lo que es y lo que será. Ningún mortal ha levantado el velo que me cubre " ¿Esto convierte a Moisés en plagiario o en discípulo?

---

[80]Vídeo, Ludovic Richer, *El Reino de los Hebreos - Civilizaciones antiguas* : <tinyurl.com/Le-Royaume-des-Hebreux>.

Una declaración de identidad de dos nombres de Dios está escrita en el versículo 4.39 de *Deuteronomio* , verso usado como referencia: YHVH hou haElohim (הוּא יְהֹנָה הָאֱלֹהִים), IHVH es el elohim. El nombre divino en forma plural Elohim aparece desde el primer verso del Génesis donde encarna el Nombre en la creación. Por tanto, aparece allí como determinante de todas las fuerzas. Este Nombre será el de los atributos de rigor y justicia mientras que el Nombre Tetragrámaton será el de la Misericordia residente en el Uno (Roland Bermann).

En el [siglo XIII], el rabino Joseph Gikatila especificó: Debes saber que hay 54 nombres cuadriláteros conectados a YHWH que suman 216 letras. Estos 54 nombres contienen el secreto del propósito del poder de todo lo que existe en el mundo; son como el alma de las 216 letras que contienen los versículos [de la Biblia…].
Para los cabalistas, entre los 70 nombres de Dios, hay otros nueve nombres de Dios, cada uno de los cuales corresponde a una sephira: Adonai (Adny), valor 65; Yah, valor 15, formado por la yod masculina y la Hé femenina, representa la fuerza de unidad del mundo de arriba y del mundo de abajo; El, valor 31; Eloha, nombre formado a partir del anterior al que se suman las dos últimas letras del tetragrama, valor 42; Elohim, un plural intrigante, valor 86; Elyéh, que significa "yo seré", valor 21; Chaddaï, que regula el equilibrio de las fuerzas de la naturaleza entre desorden y organización, valor 314; El Chaddaï, valor 345, del mismo valor que el nombre hebreo de Moisés; Tsevaot, que puede traducirse como Ejército de letras, sería el nombre de Dios manifestado en los textos, valor 499.
El valor gemátrico del tetragrama es 26 .

Cabe destacar que el alcohol etílico que contiene el vino (que lo diferencia del zumo de uva) tiene la fórmula química C2H5OH, formada por 26 electrones (12 de Carbono (6×2) + 5 de Hidrógeno (5×1) + 8 de Oxígeno (8 ×1) + 1 hidrógeno). ¡Bendecir con vino es bendecir con el tetragrámaton!

Con nueve lecciones de Thomas Römer en el Collège de France, encontraremos un enfoque histórico, arqueológico y sacerdotal de lo más erudito. [81]En el primer catecismo masónico francés de 1745, *El verdadero catecismo de los hermanos masones escrito según el misterioso código aprobado por todas las logias justas y regulares* , podemos leer: San Clemente de Alejandría dice que este gran nombre era *Jao* , d otros autores se pronuncia *jaod* y los judíos pensaban que era simplemente *Ja* (*Ia* es la pronunciación alemana de J)... Sin embargo, el nombre Ia *fue* consagrado por escrito y en oraciones públicas al final de los salmos donde se canta *Allelou-Yah* , alabadlo. quién es.

Los antiguos tradujeron יהוה como *Anekphoniton* , el inefable. Sin embargo, los cristianos en ocasiones lo han transcrito en traducciones como Yahweh, Yahweh o Jehová, superponiendo las vocales de Adonai al tetragrámaton. Al pronunciarlo. Ireneo de Lyon atestigua que los gnósticos pronunciaban Ιαωθ, *Yao* , y otros herejes Ιαώ, Yahou. Este apellido se encuentra en griego en un fragmento de texto encontrado entre los esenios que data del [siglo I] a.C.

---

[81] Vídeos de Thomas Römer, *El dios Yhwh: sus orígenes, sus cultos, su transformación en un dios único* : <tinyurl.com/Cours-Romer>.

Teodoreto de Cyr (^{siglo V}) en *Quaestiones sobre el Éxodo* , relata: los samaritanos llaman a dios Ιαβέ, *yahé,* y los judíos Άïά, *Aya.* Sin embargo, desde el principio, la Iglesia Católica ha abogado por sustituir YHWH por el apelativo "el Señor". Cada traducción de la Biblia ha tomado diferentes opciones. Así, la Biblia de Jerusalén optó por traducir el tetragrámaton por Yahvé (lo que también hizo la traducción de Crampon en 1928), la TOB (Traducción Ecuménica de la Biblia) lo indica por EL SEÑOR (en mayúsculas) como la Nueva *Biblia Segond* y André Chouraqui lo traduce. por una superposición de las dos palabras "Adonai on IHWH".

Para obtener traducciones de los nombres de Dios, escuche el podcast del programa Talmudiques con Marc-Alain Ouaknin sobre la cultura francesa.[82]

Podemos preguntarnos si el Tetragrámaton sería impronunciable porque está formado únicamente por consonantes (sin puntuaciones masoréticas que permitan la vocalización) o impronunciable porque está formado únicamente por vocales. Jehová es así una asociación entre las consonantes de YHVH y las vocales de Adonai para una pronunciación de sustitución que permite vocalizar el tetragrama. Jehová significa la presencia del tetragrámaton, al tiempo que hace visible que no se debe intentar pronunciar el Nombre de Dios. La Palabra encontrada no se puede decir, sólo se mostrará. Esto significa que no se puede decir cuál es la visión suprema, que revela la "realidad" última. Pero, pronunciar la palabra "amén", אמן (cuyo valor numérico es 1+40+50 = 91) es hacer audible la asociación del impronunciable

---

⁸²Desde 19'41: < tinyurl.com/Marc-Alain-Ouaknin >.

Tetragrámaton, יהוה (YHWH: 10+5+6+5=26) con su nombre sustituto, אדני , Adonai (1+4+50+10=65). También podemos pensar que Jehová es una asociación entre las consonantes de YHVH y las vocales de Adonai para una pronunciación de sustitución que permite vocalizar el tetragrama. Para facilitar la lectura , fueron los masoretas (eruditos judíos) quienes fijaron el texto hebreo de la Biblia con las vocales entre los [siglos VI y] X. El tetragrámaton se pronuncia Yahweh o Jehová. El primer uso de esta última forma data de su uso por parte del monje español Raymundus Martini en su *Pugeo Fidei.*

Según el cabalista Eric Daniel El-Baze, los tres personajes bíblicos que serán resucitados (antes de la Entrega de la Torá) en la convicción de la existencia de un Dios Único y eterno SON José, Jacob e Isaac. Debido a que estos 3 personajes representarán a lo largo de la Historia Bíblica la figura del Justo (el Tsadik), todos tendrán un nombre múltiple de 26 para que en ellos quede sellada la Alianza con lo Divino. Así, Yossef (José), quien llegó a ser virrey de EGIPTO , simbolizará en la Torá el dominio sobre las fuerzas de la materialidad; por ello su nombre tiene el valor 156 o 6 x26, en alusión a los 6 días de la creación. En cuanto a Yaacov (Jacob), dado que se convertirá en el Padre de Israel, su nombre igual a 182 o 7x26 estará directamente vinculado a la Espiritualidad del 7º Día, el Día de Shabat que santifica la creación. Finalmente, Yitz'hak (Isaac) o 8x26 o 208, simbolizará a lo largo de la historia al primer niño [judío] que fue circuncidado (Brit Milá) a la edad de 8 días (*Secretos de la Cabalá, Libro 1, Bereshit,* EDICIONES PUBLICADAS) . ¿Por qué se llama Isaac? Porque la letra Yod corresponde a las diez pruebas. El Tsade corresponde a los noventa años de Sara cuando le dio a luz. El Ḥ eth corresponde a los ocho días después de los cuales fue circuncidado. El Koph corresponde a los cuatrocientos años de Abraham cuando nació [83].

También se le llama *Shem Hamphorasch* , una expresión hebrea que significa Nombre Separado. El Tetragrámaton se llama así porque, como Maimónides, en La *Guía de los Perplejos* , todos los nombres de Dios están tomados de sus obras, excepto el Tetragrámaton, que se llama nombre separado, porque deriva de la sustancia del Creador. en el que no hay participación, es decir, este nombre indica la esencia autoexistente de Dios separada de Sus obras. Es una forma de la raíz triliteral (HYH) del verbo "to be".

YA-HU-AH es el nombre de una antigua deidad del panteón sumerio, que significa [en sumerio] fuente de vida. Cabe señalar que la palabra existencia, en hebreo *havaya* (hey, vav, yod, hey), tiene las mismas letras que YHVH. El hey es una ventana al exterior, una apertura hacia la vida espiritual. La caligrafía de la letra Hé se puede formar a partir de la letra dalet y un umbral delante que es un waw o una yod. En el primer caso, se le llama דו *Dow* , en el segundo caso se llama די *Dy* . En el sustantivo del tetragrama yod-hé-waw-hé, el primero he es un *dow* , el segundo, llamado pequeño he, es *dy* . La combinación de los dos "hey" da la expresión דודי *desaliñado* , "mi amante", el amante del Cantar de los Cantares.

---

[83] Jean-Yves Legouas *El Mesías en la literatura bíblica y rabínica* , p.420: <fichier-pdf.fr/2018/08/24/le-messieu-dans-la-litterature-biblique-et-rabbinique>.

Moisés habría impuesto esta designación mediante el tetragrámaton a una tribu de nómadas, los hebreos, inspirados en el culto madianita de su suegro, el sacerdote Jetro, del parentesco de Abraham [84].

El Tanaj (la Biblia hebrea) informa que Moisés escuchó esta expresión en la cima del monte Horeb en el desierto del Sinaí.

Aparece por primera vez en el Texto, y sólo cuando el Ser de los seres, habiendo cumplido el acto soberano del que había concebido el pensamiento, se restablece en su seidad inmutable en Génesis 2, 4. Este nombre ofrece primero el signo indicador de vida, duplicada y formando la raíz esencialmente viva הה. Esta raíz nunca se utiliza como sustantivo y es la única que goza de esta prerrogativa. Es, desde su formación, no sólo un verbo, sino un verbo único del que todos los demás no son más que derivados: en una palabra, el verbo הוה, " ser-ser". El signo de la luz inteligible está en medio de la raíz de la vida. Moisés tomando este verbo por excelencia para formar el nombre propio del Ser de los seres, le añade el signo de manifestación potencial y de eternidad, y obtiene יהוה, en el que el "ser" opcional se sitúa entre un pasado sin origen, y un futuro sin fin. Este nombre significa, por tanto, el ser-que-es-el-que-fue-y-el-que-será. Se considera que da fe de la creación a través de sus 4 elementos: Yod representa el elemento fuego, Hé (principal) agua, Vav aire y Hé (final) el elemento tierra. El tzeruf del tetragrámaton es הויה , *avahia* , que significa existencia.

---

[84] Vídeos de Thomas Römer, *El dios Yhwh: sus orígenes, sus cultos, su transformación en un dios único* : <tinyurl.com/Cours-Romer>.

A veces aparece así escrito א הוה; el Targum caldeo lo traduce como tres yod: ׳ ׳ ׳, las tres eternidades o la eternidad de las eternidades.

Consulta el texto esencial de Mathias Delcor, para abordar las *diversas formas de escritura del tetragrámaton sagrado en documentos hebreos antiguos* [85].

En su forma gemátrica acumulativa dinámica, el tetragrama muestra que contiene los 72 nombres del Dios de los hebreos (׳ + יה + יהו + יהוה o 10+15+21+26=72) [86].

En términos cabalísticos, las cuatro letras del Tetragrámaton se dividen en dos combinaciones: Yod-He y Vav-He. El primero representa el mundo oculto tal como fue concebido en la Mente Divina (la letra Yod es un punto que simboliza la Divina Hokhmah; la He dimensional que simboliza Binah). La última combinación representa los mundos realmente creados, los mundos revelados, incluido nuestro mundo material.

Le nom de quatre lettres (מצפץ) n'est rien d'autre que le Tétragramme translittéré selon une méthode guématrique qui prévoit le remplacement de la première lettre de l'alphabet par la dernière, de la deuxième par l'avant-dernière et ainsi pronto.

El Zohar propone, como forma esotérica del tetragrama, una espada: la yod es el pomo, la vav es la hoja, los dos he son los dos filos.

---

[85] <tinyurl.com/manieres-ecrire-le-tetragramme>.

[86] Véase el artículo de Johan Dreue, *Shem hamphorash o los 72 nombres de Dios* : <tinyurl.com/les-72-noms>.

En la liturgia cristiana, el tetragrama se sustituye por las palabras *Kurios* en griego, *Dominus* en latín y *Señor* en francés. Podemos preguntarnos si el Tetragrámaton sería impronunciable porque está formado únicamente por consonantes (sin puntuaciones masoréticas que permitan la vocalización) o impronunciable porque está formado únicamente por vocales. Así, desde la Edad Media, ciertos cristianos leían YHVH en voz alta aplicando la vocalización del término Adonai (el shem adnut), intercalando las tres vocales a, o y a, obteniendo así el nombre Jahova. (la j es la letra alemana para la pronunciación ïa) Sin embargo, a lo largo del siglo XX, el catolicismo prefirió utilizar la transcripción de Yahvé para las ediciones no litúrgicas de la Biblia. Pero por directiva papal, la Congregación para el Culto Divino y la Disciplina de los Sacramentos, refiriéndose a la Vulgata traducida por San Jerónimo, decretó en 2001 que el tetragrammaton se traduce al latín como *Dominus* y debe traducirse en cada lengua vernácula mediante una palabra de el mismo significado.

Las Biblias protestantes traducen y pronuncian el tetragrámaton como Jehová.

El misterio inagotable del nombre por el cual el Dios de los hebreos se reveló es así objetivado por los dogmas, generando una tiranía de la interpretación, una apropiación clerical de los comentarios.

Basado en el verbo ser, el tetragrámaton se opone al dios idolatrado Baal (traducido como dueño, señor), que representa el verbo tener.

En los inicios de lo que se llamó masonería había un dogma: creer en Dios.

En los primeros catecismos masónicos, el compás simbolizaba a YHVH, el cuadrado simbolizaba la cruz de Jesús de Nazaret.

La palabra Dios tiene una connotación y lleva en sí misma una limitación racional. Si los primeros masones (y actualmente todo lo que proviene de la masonería inglesa) tenían esta obligación de fe, hay que reconocer que esto ha cambiado mucho para las obediencias francesas. Sin embargo, quedan huellas visibles de la presencia del tetragrámaton en el templo masónico. El tetragrama aparece a veces en el Delta Luminoso, donde puede ser reemplazado (raramente) por cuatro líneas verticales.

Históricamente, en la masonería, el nombre de Jehová y el de Hiram estaban estrechamente asociados. Así, encontramos a veces el nombre Jehová en un triángulo, en la tumba de Hiram o en la joya del maestro arrojada durante su ceremonia de elevación al rango de maestro.

Su claro significado queda demostrado por todas las Revelaciones francesas, confesadas por Coustos a los inquisidores portugueses en 1732: Hiram es la encarnación de Jehová. Esta idea ofendió a muchos masones, de ahí muchas variaciones. Mirando la tabla del 3er [grado] extraída de las *Revelaciones* de 1742, podemos preguntarnos sobre la identidad de los muertos enterrados. En su momento (lo que dice la Biblia) la tumba en cuestión estaba colocada en el Lugar Santísimo, pero este sólo podía ser habitado por Jehová. Así, el entierro del cadáver en una tumba marcada con el nombre de Jehová, el intento de enderezarlo (cuando ya estaba podrido), el fracaso de este intento y el entierro final en el Lugar Santísimo son argumentos para defender esta versión.

Inicialmente, Prichard había dado la idea general del episodio de Hiram, Léonard Gabanon estableció el esquema (1740) y el Abbé Pérau completó la puesta en escena del psicodrama en 1742 en Le *Betrayed* . Sobrio al principio, el escenario luego se complicó con detalles y explicaciones a menudo diferentes entre sí.

En las instrucciones de la RF leemos: "Y primero él [Salomón] hizo hacer una soberbia tumba en el santuario y tomando a nuestro Maestro de las manos con los cinco puntos de perfección, lo hizo sepultar y colocar en el ataúd, teniendo sobre él se colocó una placa de oro donde tenía grabada la antigua palabra del Maestro que era Jehová.

Para liberar a los masones de esta palabra Dios (que se encuentra en segundo grado en la interpretación inglesa de la letra G de la estrella llameante de Dios) fue necesario encontrar un sustituto: el GADL'U. En una visión antiteísta, Pierre-Joseph Proudhon escribe [¡lo cito aunque era judeofóbico!]: Cada masón puede entonces trabajar para buscar el significado profundo de este principio básico. El Dios de los Masones no es Sustancia, ni Causa, ni alma, ni Mónada, ni Creador, ni Padre, ni Verbo, ni Amor, ni Paráclito, ni Redentor, ni Satán, ni nada que corresponda a un concepto trascendental. Aquí se descarta toda metáfora. Es la personificación del equilibrio universal. Él es el arquitecto; sostiene el compás, el nivel, la escuadra, el martillo, todos los instrumentos de trabajo y de medida. En el orden moral, él es la Justicia [87].

---

[87] André Combes *Pierre Joseph Proudhon y la masonería* : <tinyurl.com/dieu-et-gadlu>.

Los primeros en utilizar el nombre Jesús en forma hebraizada Yeshouah o Yeheshuah fueron los ocultistas del Renacimiento de la primera mitad del ^siglo XVI^ . Siguiendo a Pic de la Mirandola, derivaron este nombre del tetragrámaton hebreo YHVH (יהוה) añadiendo una Shin (ש) en el medio para producir el **pentagramaton** YHSVH (יהשוה) que sería la transliteración latina de JHSVH o IHSVH o IHSUH. , cuyas primeras tres letras son el monograma IHS/JHS del nombre de Jesús (derivado del griego IHΣ). "Por la letra shin, que está en medio del nombre de Jesús, se nos significa cabalísticamente que el mundo descansa perfectamente como en su perfección cuando la letra yod se une con la letra vav, que se realiza en Cristo que fue el verdadero Dios, hijo y hombre.[88]

Según Jean Reuchlin (hacia 1517), la historia de la humanidad se puede dividir en tres períodos: el primero, el de la naturaleza, durante el cual Dios se revela a los patriarcas bajo el trigrama de Shaddai (שדי); el segundo, el de la Ley, durante el cual Dios se revela a Moisés bajo el Tetragrámaton (יהוה) [pronunciado Adonaï] y el tercero, el de Gracia y Redención, durante el cual Dios se revela a los apóstoles bajo cinco Letras, o Pentagrámaton, YESHUAH (יהשוה): " *In natura SDI, in lege ADNI, in charitate IHSVH".* (En naturaleza IDE, en Ley ADNI, en caridad IHSVH).

Con motivo de una pregunta "¿Quién era Yeshua?", se puede ver un documental de interpretaciones de las fuentes, fascinante sobre la gnosis (en 10 episodios).[89]

---

[88] Jean Pic de la Mirandola, *Conclusiones cabalísticas:* <academia.edu/10317795>.

[89] Vídeos: <tinyurl.com/Qui-etait-Yeshoua>.

El verdadero objetivo de estas manipulaciones "características" es mostrar que con el nombre de Jesús, el tetragrámaton ya no es impronunciable, porque está contenido en la enunciación del nombre del mesías.

Este Pentagramaton será recuperado y difundido, *vía* el Martinismo, en el magismo del siglo XIX [por] el ocultista Éliphas Lévi, antes de ser recuperado por los movimientos mágicos del siglo XX [como] la *Aurora Dorada* .

Tenga en cuenta que esta escritura hebrea es sólo una construcción, la verdadera forma gramatical que significa "D. es su ayuda" siendo (יהשוע) con la raíz (יֹשַׁע) que significa "salvador" como en Éxodo, 2,17 donde Moisés "salva" a las siete hijas de Jetro atacadas cerca del pozo por los pastores.

Para una aproximación a la personalidad del mesías en la literatura bíblica y rabínica, lea la obra de Jean-Yves Legouas [90].

---

[90] Yves Legouas, *El Mesías en la literatura bíblica y rabínica* : <tinyurl.com/messie-biblique>.

SOBRE EL AUTOR

Editor Jacques-André
TU, Cartas de Pasión, 2001 (Premio Laure de Noves)

EDICIONES de La Hutte
Para iluminar el camino, Una aproximación filosófica a la masonería , 2011
Vocabulario del Aprendiz Masón , 2ª edición , 2012
Vocabulario del compañero masón , 2012
Vocabulario maestro masón , 2013
Dibujar elementos con regla y compás, La Concordancia Masónica , 2015
¿Qué significa cortar tu piedra?, 2015

EDICIONES ledifice.net
Recogiendo lo que está disperso , 2020
Vocabulario del Aprendiz Masón , 3ª edición , 2020
Vocabulario del Compañero Masón , 2.ª edición , 2021

EDICIONES Ubik
Érase una vez, Hiram , 2021
Gestos masónicos , 2021

EDICIONES numérilivre _
Huellas masónicas, el espíritu de la geometría , 2022

EDICIONES dervy
Diccionario Vagabundo de Pensamiento Masónico , 2017 (**premio literario del Instituto Masónico de Francia** , categoría Ensayos y Simbolismo)
Masón. Cómo pasar de lo profano a lo sagrado , 2023